陪我"玩"

0~3岁宝宝运动活动指导

朱宗涵　曹　彬　主审
杜　青　主编

上海科学技术出版社

图书在版编目(CIP)数据

陪我"玩":0～3 岁宝宝运动活动指导 / 杜青主编. —上海:
上海科学技术出版社,2019. 3
ISBN 978 - 7 - 5478 - 4359 - 8

Ⅰ. ①陪… Ⅱ. ①杜… Ⅲ. ①游戏课—学前教育—教学参考资料 Ⅳ. ①G613. 7

中国版本图书馆 CIP 数据核字(2019)第 037008 号

陪我"玩"
0～3 岁宝宝运动活动指导

朱宗涵　曹　彬　主审
杜　青　主编

上海世纪出版(集团)有限公司
上 海 科 学 技 术 出 版 社　出版、发行
(上海钦州南路 71 号　邮政编码 200235　www. sstp. cn)
上海展强印刷有限公司印刷
开本 787×1092　1/16　印张 9
字数: 80 千字
2019 年 3 月第 1 版　2019 年 3 月第 1 次印刷
ISBN 978 - 7 - 5478 - 4359 - 8/G · 889
定价: 48. 00 元

内容提要

0～3 岁是宝宝生长发育的关键期，运动智能是宝宝在生命成长过程中最先得到发展的智能。父母、家人是 0～3 岁宝宝最重要的玩伴，高质量的陪伴对宝宝的早期发展至关重要。

《陪我“玩”・0～3 岁宝宝运动活动指导》的主编杜青教授是国内知名的儿童保健和康复领域专家，她凝聚十余年心血，开始了一整套适合 0～3 岁中国宝宝科学养育的运动活动游戏，开发宝宝的运动天赋、促进其智力和感知觉发育。

孩子是一个国家的未来，科学养育是关键的环节。因此，本书可供家有 0～3 岁宝宝的家长朋友们阅读参考。

编委会

主　审

朱宗涵　曹彬

主　编

杜青

副主编

周璇　陈楠　王红　董恩宏

编辑秘书

邓巍巍　李欣

编　委

于虹　梁菊萍　沈楠　李川　赵国云　朱佳晔　赵风云　杨晓颜
李艳艳　毛琳　靳梦蝶　夏义玲　李锦　代洋洋　谈萌萌　李婷
贾静　冯宇伟　宋琰萍　邱诗燕　宋圆圆　陆体江　郑果涵　诸小青
苏月　陈行行　邵绮凡　曹梦桥　孙成伟　陈子豪　马琳　张桢
王周　顾怡凡　陆佳程　沈鑫雅　牛瑶　赵冰　王姗姗　李会珍
姜芳洁　盛建琴　黄艳　杨宇琪　冯玉斐　茅诗涵

插　图

李川

序

儿童健康是全民健康的基础，儿童早期综合发展是儿童健康的重要组成部分，促进儿童早期综合发展是儿童保健工作的重要领域。0～3 岁是宝宝生长发育的关键期，宝宝在此期间发展潜力巨大，可塑性强，影响深远，可为其一生奠定基础。营养、运动、睡眠、亲子关系等要素构成了婴幼儿生长发育的最基本条件。运动能力是儿童在成长过程中最先得到发展的重要方面。运动促进人体各个器官、系统的发育，造就儿童强健的体魄；运动更能促进大脑的发育，从而促进儿童心理行为、认知情绪和社会能力的发展，运动能帮助父母将孩子培养成为具有刻苦精神、自信自立、积极进取、充满情感的青少年，为进入社会做好充分准备。

目前，北京体育大学、首都儿科研究所与国家体育总局体育科学研究所共同研制并发布了《学龄前儿童（3～6 岁）运动指南（专家共识版）》，国家儿童医学中心、上海儿童医学中心牵头发布了《中国儿童青少年身体活动指南》，但尚无针对 3 岁以下儿童的运动活动指南。实际上，0～3 岁是人生的“黄金三年”，是人的大脑发育、运动和语言等能力发展的关键期及敏感期。这一时期进行积极合理的运动，不仅有利于孩子健康水平和运动技能的提高，更对孩子今后身体和心理的全面健康发展有着事半功倍的促进作用。

《陪我“玩”・0～3 岁宝宝运动活动指导》是一本针对 0～3 岁儿童运动智能发展的优秀科普图书。全书按照 0～3 岁儿童在不同阶段的生长发育需求，设计了 120 个亲子互动游戏，以游戏为载体，把儿童运动融入日常生活。全书以通俗易懂的语言和生动鲜明的图示指导家长科学有效地实践这些内容丰富的亲子游戏。

本书主编杜青教授是国内知名的儿童保健和康复领域专家。此书在扎实掌握儿童生长发育和运动发育特点的基础上，总结一线儿科临床工作经验，结合中国家庭婴幼儿教养特点，帮助 0～3 岁儿童家长树立正确的育儿观念，鼓励家长与孩子进行科学、分段的运动，提高家庭养育的质量和效率，帮助孩子掌握运动技能，获得运动、语言、认知、社交等能力的全面发展，培养终身运动的好习惯，实现健康成长。这本书也是我国第一本由专业医疗机构原创编写的 0～3 岁儿童运动活动推荐读本。

优秀的科普内容能润物细无声地滋润广大读者的心田。本书不仅可为儿科、儿童康复、儿童保健、早期教育领域的专业人员提供参考和实践指南，还是一本集科学性、应用性、趣味性于一体的家庭儿童养育必备读本。

朱宗涵　曹　彬

前言

运动是孩子的天性，是宝宝成长过程中极为重要的一环。根据皮亚杰儿童认知发展理论，宝宝在 0～3 岁时正处于感知运动阶段，这一阶段的宝宝依靠动作去适应环境，思维慢慢萌芽。一直以来，0～3 岁宝宝的运动能力发育被认为是判断宝宝生长发育，特别是脑发育正常与否的重要指标，同时也是对宝宝心理发展状况的最真实反映。

运动是宝宝理解生命、体验生命的极佳方式之一，科学的运动能为孩子的终身健康奠定基石。0～3 岁是儿童成长发育的第一个关键时期，积极的身体活动行为可在这一时期建立。在生命早期进行规律的身体活动不仅能帮助维持健康的体重、养成健康的生活方式，还可以养成全生命周期的健康理念与行为习惯，为宝宝的生理和心理都带来持续性益处。

家庭是婴幼儿进行身体活动的主要场所，父母与照顾者对婴幼儿身体活动的支持程度将直接影响婴幼儿是否主动参与身体活动，影响婴幼儿认知、感知等能力的发展。爸爸妈妈们如果能在每日繁忙的工作之余，通过运动给予宝宝科学合理的高效陪伴，不仅能较好地促进宝宝的生长发育，建立亲密和谐的亲子关系，还能避免宝宝未来可能出现的诸如因“屏幕时间”过长导致视力下降等健康问题。

《陪我“玩”·0～3 岁宝宝运动活动指导》是我国第一本基于儿童生长发育规律、由专业医疗机构原创编写的 0～3 岁宝宝运动活动推荐。全书从中国家庭养育特点出发，设计符合宝宝运动需求的亲子游戏，图文并茂，指导家长通过积极正面的引导，将运动、游戏与家庭教养相融合，促进宝宝运动、语言、认知、社交等能力的全面发展。本书设计的游戏内容丰富多样、可操作性强，且不受环境限制，易于在家庭中实施，是适合 0～3 岁宝宝的早教“神器”。

目录

Part 1

适合 0~1 岁宝宝的运动游戏

0~3 月龄

4～6 月龄

7～9 月龄

10～12 月龄

Part 2
适合1~2岁宝宝的运动游戏

Part 3
适合 2～3 岁宝宝的运动游戏

Part 1

适合 0～1 岁宝宝的运动游戏

0～1 岁是宝宝大脑快速发育的时期。这时，宝宝的感觉、运动、视觉和言语功能迅速发育，自我意识萌芽，产生最初的思维过程，情绪也有所发展。

0～3 月龄宝宝每天需要 14～17 小时的高质量睡眠，4～12 月龄宝宝每天需要 12～16 小时的高质量睡眠。在睡眠以外的时间里，0～1 岁宝宝会以多种方式进行身体活动，家长应尽可能多地在室内外交替与宝宝做互动游戏。对于尚不能自主移动的宝宝，家长可以在其每天清醒的时间内帮助宝宝间断性进行至少 30 分钟俯卧。不宜限制宝宝的活动时间，鼓励宝宝积极参与活动、探索环境，宝宝每次保持坐姿时间＜30 分钟且无“屏幕时间”。

适合 0～1 岁宝宝的玩具：黑白卡片、铃铛、摇铃棒或花铃棒、认知镜、BB 棒、响铃毛绒球、小皮球、小木棒、套圈圈、形状各异的彩色积木、带轮子可拉动的小车或玩具、几何形状认知盒等。

0～3 月龄宝宝运动发育的特点

- 俯卧时，头部从转向两侧到逐渐可以抬离床面。新生儿(0～28 天)俯卧抬头 1～2 秒；3 月龄抬头 45°、较稳且能自由转头、能用手支撑上身数分钟
- 竖抱时，头部从失去支撑(即后仰)到可以保持直立并左右转动
- 坐位时，新生儿腰肌无力；3 月龄可扶坐，腰背呈弧形
- 扶站时，双下肢可部分负重，出现踏步反射和立足反射
- 双手从紧紧握拳逐渐到可以自如张开和握拳
- 手臂动作从笨拙到学会用手摆弄悬挂在面前的物体，可以专注于小玩具并摇晃
- 从可以将手举至视野范围内，到可以将手送到嘴边和嘴里
- 仰卧位或俯卧位时，双脚运动逐渐增多至可以抬腿踢来踢去

0～3 月龄宝宝视觉发育的特点

- 新生儿的视力聚焦范围为 20～30 厘米
- 眼神从游离到学会固视物体，能追视(即目光能随物体的移动而移动)
- 认真地观察人脸，可以辨别出一定距离内熟悉的人和物体，与他人进行眼神交流
- 3～4 月龄开始在胸前看和玩自己的双手

0～3 月龄宝宝听觉及言语发育的特点

- 父母的声音可使新生儿安静，新生儿对音乐有反应
- 1 月龄出现寻找声源行为，喜欢父母的声音
- 听到逗笑的声音逐渐学会笑
- 逐渐开始模仿一些元音
- 出现追听(即听到声音时会将头转向发出声音的方向)

0～3 月龄宝宝情感和社交能力发育的特点

- 新生儿能分辨母乳的味道，喜欢甜味，喜欢柔软的触感
- 逐渐开始出现社交性微笑
- 1 月龄后开始喜欢和其他人玩，游戏停止时可能哭泣
- 沟通能力逐渐增强，面部表情和肢体语言不断丰富
- 逐渐开始模仿一些动作和面部表情

运动游戏对 0～3 月龄宝宝的益处

0～3 月龄宝宝的世界是一个感知的、触摸的、微笑的世界。这一阶段的宝宝喜欢有人逗他玩、给他东西，遇到什么东西还想用小手摸一摸、放到嘴里咬一咬。游戏不仅是 0～3 月龄宝宝探索新世界的首要方法，也是新手爸妈与宝宝建立亲子间情感纽带的最佳方式。

1. 黑白卡片动一动

游戏目的

(1) 促进宝宝的视觉发育——眼睛跟随或跟踪移动的物体。

(2) 训练宝宝的头部控制及颈部旋转能力。

(3) 增强宝宝的图案辨别能力。

游戏内容

宝宝躺在床上，家长将黑白卡片置于宝宝鼻子上方 30 厘米左右的位置，对宝宝说："宝宝，看看这是什么呀？这是黑白卡片！"

吸引宝宝注意到黑白卡片后，向一侧沿弧形缓慢移动黑白卡片，然后返回至中线，再从另一侧重复动作。活动中观察宝宝的反应，如果宝宝追视好，可以将黑白卡片的移动范围增大为从一侧至越过中线，增大滑动弧度至约 110°。

在游戏过程中，家长可跟随黑白卡片的位置移动轻声呼唤宝宝的名字。

①

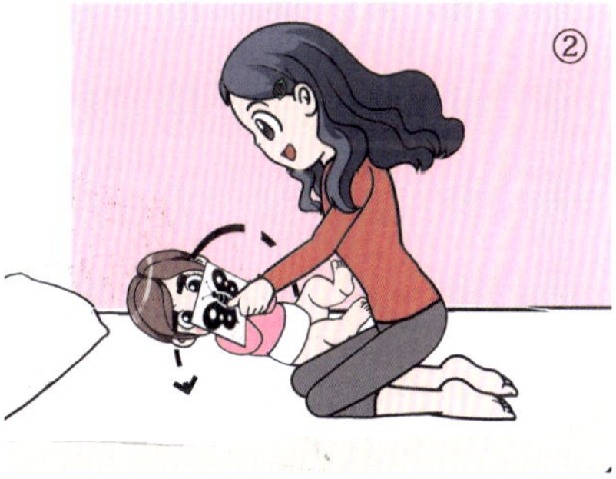

②

安全指导

(1) 选取材质安全的黑白卡片。

(2) 宝宝累了可稍作休息。

(3) 宝宝哭吵时，应暂停活动，给予安抚。

2. 我的妈妈最好看

游戏目的

（1）训练宝宝的运动技能和视觉发育——追视和观察人脸。

（2）促进宝宝头部控制能力的发展。

（3）满足宝宝的安全感，建立和谐亲密的亲子关系。

游戏内容

宝宝躺在床上，妈妈的脸部距离宝宝 20～30 厘米。

当宝宝看见妈妈后，妈妈可以慢慢地将头转向宝宝的左边，再从左侧经过中线位置转至右侧，鼓励宝宝跟着妈妈的动作转头，同时告诉宝宝：我是妈妈。

在游戏过程中，妈妈可以和宝宝说话或哼唱歌曲。

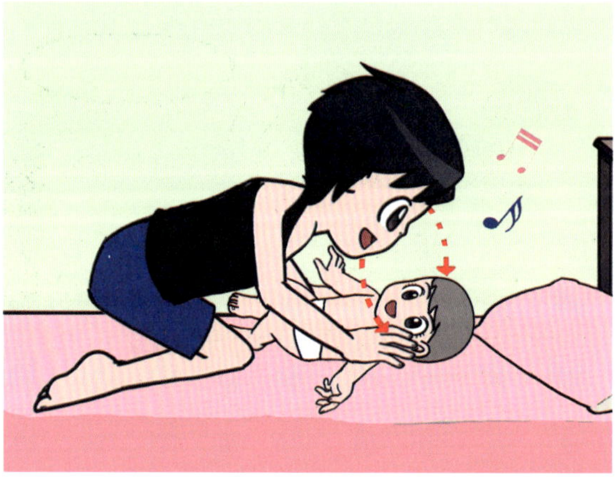

安全指导

（1）宝宝累了可稍作休息。

（2）宝宝哭吵时，应暂停活动，给予安抚。

3. 爸爸妈妈唱起来

游戏目的

(1) 提高宝宝对家长声音的辨识度。

(2) 训练宝宝对声音节律和语调的感知能力。

(3) 使亲子关系更密切。

游戏内容

家长对着宝宝唱一些音律简单的歌谣或童谣,如"小手拍拍""数鸭子"等。

在唱歌时,家长可以适当变换位置,比如在宝宝的左面、右面、前面等,并引导宝宝看向自己。

可边唱边适当地拍手打节拍,或按节拍轻轻拍宝宝的小手、胸部等。

安全指导

(1) 唱歌和拍手的声音不宜过大。

(2) 拍宝宝背部和胸部时要尽量轻柔,避免宝宝受到惊吓。

4. 铃儿响叮当

游戏目的

（1）训练宝宝的运动技能——追视和追听。

（2）促进宝宝视觉、听觉、触觉的发育和对身体部位的认识。

（3）激发宝宝四肢主动活动和收集信息的能力。

游戏内容

宝宝躺在床上，家长在宝宝的手、脚上分别系上铃铛，轻轻摇晃宝宝的手臂和腿，使铃铛发出清脆的声音，吸引宝宝注视自己的手和脚。引导宝宝主动挥动手臂、摆动腿部，让铃铛发出声音，从而激发宝宝更多的自主活动。

家长还可以在游戏中加强与宝宝的互动，告诉宝宝这是铃铛的声音，并模仿铃铛发出声音。

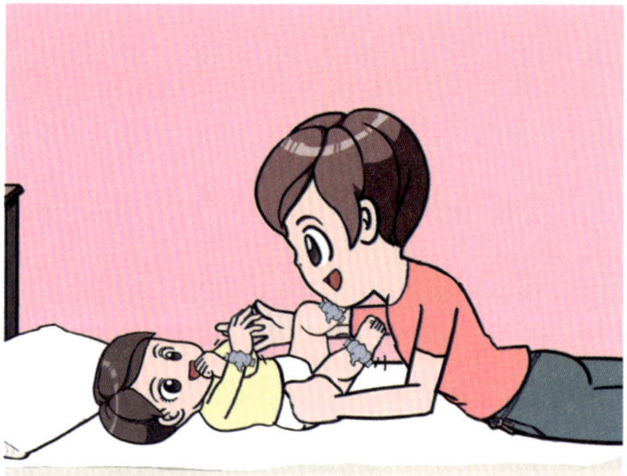

安全指导

（1）选取材质安全的手腕铃，避免宝宝被刮伤或将其吃进嘴巴。

（2）宝宝累了可稍作休息。

（3）宝宝哭吵时，应暂停活动，给予安抚。

（4）动作应轻柔缓慢，切忌快速粗暴。

（5）喂奶后30分钟内不宜做此游戏，以免引起吐奶。

5. 宝贝抬头看过来

游戏目的

(1) 训练宝宝的运动技能——俯卧位抬头。

(2) 增强宝宝的全身平衡感。

(3) 促进宝宝的视觉、触觉发育。

游戏内容

宝宝趴在床上，家长帮助宝宝将前臂和肘关节撑在床上，使宝宝的肘关节置于肩关节下方、双手握拳置于下巴下方。

家长与宝宝面对面，通过摇铃、呼喊宝宝名字或者哼唱歌曲来吸引宝宝的注意，让宝宝将头抬起来。如果宝宝抬头控制较好，可再通过移动玩具位置来引导宝宝向各个方向转头。

安全指导

(1) 至少需一名家长在游戏全程看护以确保安全。

(2) 家长需提前清理好床面，避免被褥等掩住宝宝口鼻造成窒息。

(3) 放置宝宝手臂时要动作轻柔，避免损伤。

(4) 宝宝累了可稍作休息。

(5) 宝宝哭吵时，应暂停活动，给予安抚。

(6) 喂奶后30分钟内不宜做此游戏，以免引起吐奶。

6. 我爱照镜子

游戏目的

(1) 训练宝宝观察自己的脸，促进视觉发育。

(2) 建立宝宝的自我意识，让宝宝认识自己。

(3) 激发宝宝的好奇心和模仿欲。

游戏内容

宝宝一般在2～3月龄时会开始盯着镜子看，并对镜子产生兴趣。可让宝宝平躺在床上，家长拿着镜子，放在距离宝宝眼睛30厘米左右的位置，略微向下倾斜约10°，让宝宝能从镜子中看到自己。

同时，家长可以轻声告诉宝宝："宝贝照镜子，镜子里有宝贝的小影子。"还可以引导宝宝触摸镜子。

安全指导

(1) 选取材料安全的镜子，避免镜子破碎伤害宝宝。

(2) 宝宝累了可稍作休息。

(3) 宝宝哭吵时，应暂停活动，给予安抚。

7. 嘿呦嘿呦拔萝卜

游戏目的

(1) 训练宝宝的运动技能——手的抓握。

(2) 促进宝宝视觉、听觉、触觉发育。

(3) 提高宝宝的视觉运动整合能力。

游戏内容

宝宝躺下，家长将自己的一根手指靠近宝宝的小手，轻触宝宝的手指，引导宝宝握住家长的手指。

待宝宝抓住家长手指后，家长可以一边哼唱《拔萝卜》，一边跟着节奏做轻轻抽出手指的动作，锻炼宝宝的手部抓握力量。

安全指导

(1) 家长在轻轻抽出手指的过程中，活动幅度要由小到大，动作轻柔。

(2) 宝宝累了可稍作休息。

(3) 宝宝哭吵时，应暂停活动，给予安抚。

(4) 喂奶后 30 分钟内不宜做此游戏，以免引起吐奶。

8. 小小手，大力气

游戏目的

(1) 训练宝宝的运动技能——手的握力。

(2) 帮助宝宝学习双上肢的中线位活动。

(3) 促进宝宝视觉、听觉、触觉发育。

游戏内容

宝宝躺在床上，家长握住婴儿小玩具——BB 棒并发出声音，吸引宝宝注意。然后用 BB 棒轻触宝宝手指，诱导宝宝张开手指握住 BB 棒。

如果宝宝通过抓握让 BB 棒发出声音，家长要及时给予表扬。

可以让宝宝尝试用双手在中线处共同抓握 BB 棒发出声音。

安全指导

(1) 选取材质安全、柔软的布艺 BB 棒，避免宝宝皮肤过敏或玩具掉落砸伤宝宝。

(2) 避免宝宝将 BB 棒放入口中。

(3) 动作需轻柔缓慢，切忌快速粗暴。

(4) 宝宝哭吵时，应暂停活动，给予安抚。

9. 拨浪鼓，响咚咚

游戏目的

(1) 训练宝宝的运动技能——手的抓握和手臂动作。

(2) 促进宝宝听觉、视觉、触觉发育。

(3) 激发宝宝的好奇心及对周围事物探索的欲望。

游戏内容

家长在宝宝面前轻轻摇晃拨浪鼓，发出"咚咚"的响声，吸引宝宝的注意。

将拨浪鼓手柄放在宝宝手心，家长与宝宝一起握住拨浪鼓后一起摇晃，发出声音。

待宝宝可以抓稳拨浪鼓后，鼓励宝宝自己抓握，主动摇晃拨浪鼓。

安全指导

(1) 选取安全可靠的拨浪鼓或其他响铃玩具，如沙铃。

(2) 避免宝宝误吞零部件。

(3) 动作需轻柔缓慢，切忌快速粗暴。

(4) 宝宝哭吵时，应暂停活动，给予安抚。

10. 我的小手真好“吃”

游戏目的

（1）训练宝宝的运动技能——手的灵活性。

（2）促进宝宝口部运动和口腔感知觉发育。

（3）满足宝宝的探索欲望和生理需求。

游戏内容

家长将宝宝的手清洗干净后，拉着宝宝的小手靠近宝宝嘴边，引导宝宝关注自己的手，并用嘴巴探索自己的手指。

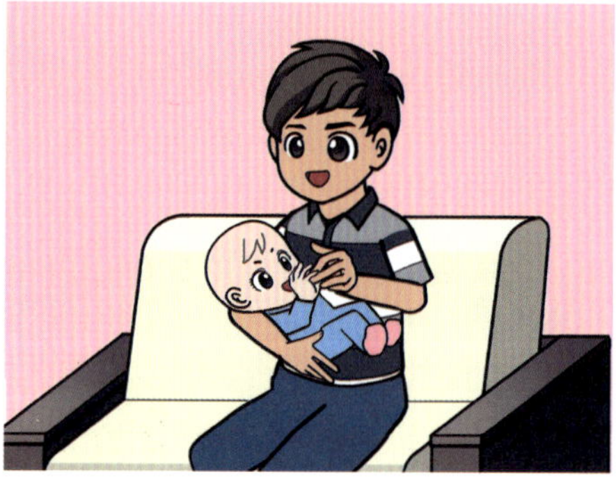

鼓励宝宝进一步探索。宝宝通常会由吃不到手到熟练吃手，由吃整个拳头到最后可以吃单独一根手指，这是宝宝探索世界的开始，家长需要在这个时间段给予宝宝鼓励。当宝宝放一根手指入口时，家长可以给宝宝演示吧唧嘴的动作，引导宝宝模仿。

安全指导

（1）保持宝宝小手干净，减少手口传播疾病的风险。

（2）定期护理宝宝指甲，避免指甲划伤宝宝口腔及口部周围皮肤。

（3）保持宝宝口唇周围清洁干燥，以免发生湿疹。

11. 踢踢腿，更强壮

游戏目的

（1）训练宝宝的运动技能——双腿的运动。

（2）积累运动经验，促进宝宝主动活动。

（3）增强宝宝下肢肌肉和核心肌群的肌肉力量。

游戏内容

宝宝躺在床上，家长双手轻轻握住宝宝膝关节，带动宝宝做双腿交替屈伸运动：先缓慢屈曲左腿至 90°，然后伸直，再将右腿屈曲，交替重复动作。

在此过程中，家长应鼓励宝宝多进行主动活动，也可以通过在宝宝脚部施加阻力让宝宝用更大的力气进行屈伸，或用手抵住宝宝的脚，训练宝宝的下肢力量。

游戏过程中，家长可以看着宝宝的眼睛，哼唱宝宝熟悉的歌曲，与宝宝积极互动。

安全指导

（1）宝宝累了可稍作休息。

（2）宝宝哭吵时，应暂停活动，给予安抚。

（3）动作需轻柔缓慢，切忌快速粗暴。

（4）喂奶后 30 分钟内不宜做此游戏，以免引起吐奶。

12. 小球探险记

游戏目的

(1) 训练宝宝的运动技能——双腿的主动活动。

(2) 增强宝宝身体协调能力和下肢肌肉力量。

(3) 促进宝宝的视觉、听觉、触觉、空间感知觉发育。

游戏内容

宝宝躺在床上,家长把一个响铃毛绒球系在宝宝的床尾,先帮助宝宝踢到球发出声音来让宝宝获得成功的经验,重复多次后,鼓励宝宝自己伸腿踢到响球,待宝宝成功后,给予鼓励。

可以通过移动球的位置,引导宝宝从不同位置踢球,训练宝宝下肢的灵活性。

安全指导

(1) 宝宝累了可稍作休息。

(2) 宝宝哭吵时,应暂停活动,给予安抚。

(3) 动作需轻柔缓慢,切忌快速粗暴。

(4) 喂奶后 30 分钟内不宜做此游戏,以免引起吐奶。

13. 宝宝水中游

游戏目的

（1）训练宝宝的运动技能——浮力减重下的主动活动。

（2）增强宝宝的心肺耐力、免疫力和四肢肌肉力量。

（3）促进宝宝感知觉发育。

游戏内容

家长引导套着游泳圈的宝宝在浴缸或者小泳池游泳，鼓励宝宝用双手和双脚做划水动作。宝宝在浴缸或小泳池中时，家长轻轻拍打水面，制造水声或水振动，引起宝宝的关注。

如果宝宝出现自主划水的动作，家长可在旁边保护并陪伴宝宝，引导宝宝通过手臂和腿的控制向不同的方向游泳。

游泳结束后，可对宝宝进行抚触。

安全指导

（1）家长需全程陪同并选取安全可靠的游泳圈，避免发生意外。

（2）水温应为38～40℃，室温应为28～30℃。

（3）宝宝累了可稍作休息。

（4）宝宝哭吵时，应暂停活动，给予安抚。

（5）喂奶后30分钟内不宜做此游戏，以免引起吐奶。

14. 躲猫猫大战

游戏目的

(1) 训练宝宝的运动技能——直立位头的控制。

(2) 提高宝宝辨别人脸及眼神交流能力。

(3) 促进宝宝听觉发育和空间位置觉的发育。

游戏内容

一位家长抱着宝宝背对自己，一手擎住宝宝胸部，另一手擎住宝宝膝部，胸口贴着宝宝的背。另一位家长在宝宝旁边通过摇铃或呼唤宝宝名字吸引宝宝注意力，引导宝宝左、右转头。

在游戏过程中，家长可增加与宝宝的互动，如果宝宝转头，要通过鼓掌或口头赞扬来鼓励宝宝。

安全指导

(1) 此游戏适合 1 月龄以上的宝宝。

(2) 竖抱时家长不能一只手托住宝宝臀部，以免增加宝宝脊柱的压力。

(3) 宝宝累了可稍作休息。

(4) 宝宝哭吵时，应暂停活动，给予安抚。

15. 我的玩具真好看

游戏目的

（1）训练宝宝的运动技能——直立位头的控制及旋转。

（2）促进宝宝视觉追视和听觉发育。

（3）提高宝宝的情感和社交能力。

游戏内容

一位家长竖抱着宝宝，另一位家长拿一个宝宝喜欢的花铃棒或色彩鲜艳的玩具，放在宝宝眼前 30 厘米处，待宝宝注视玩具后移动物体，引导宝宝跟着玩具转头。

在游戏过程中，家长可以通过发出声音吸引宝宝的注意。

安全指导

（1）此游戏要求宝宝有一定的头部控制能力，应根据宝宝具体情况进行游戏。

（2）宝宝累了可稍作休息。

（3）宝宝哭吵时，应暂停活动，给予安抚。

4～6月龄宝宝运动发育的特点

- 头部可稳定维持于正中位置
- 四肢存在对称性屈曲姿势
- 5～6月龄时，俯卧位可抬头至90°，肘支撑胸部离开床面，头部的位置高于臀部
- 可由俯卧位翻身至仰卧位，或从仰卧位翻身至俯卧位
- 可抓住自己的脚送至口中，出现手、口、眼的协调动作
- 在双手于身前支撑下，可坐稳片刻
- 扶站时，双下肢可支持部分体重，出现立位跳跃动作
- 可主动、有意识地向玩具伸出双臂，可抓住玩具并维持于身体中线处
- 手指随意抓握动作明显增多，出现使用全手掌的耙抓动作

4～6月龄宝宝视觉发育的特点

- 5月龄宝宝视力达到0.1，6月龄宝宝视力达0.2
- 出现比较完善的视觉功能，可以注视到较远的对象，对整个房间都充满兴趣
- 眼球独立运动更加熟练，出现视觉凝视，能辨别不同的颜色
- 手眼协调能力发展，5～6月龄开始有目的地用手抓物，手成为宝宝的“第二双眼睛”

4～6月龄宝宝听觉及言语发育的特点

- 会用玩具发出声音
- 对自己的名字有反应，并开始对成人的指令出现反应
- 对父母、照顾者说话的语气感到熟悉，能区分熟悉和陌生的声音
- 能用微笑或发出“咯咯”声与家长互动

4～6月龄宝宝情感和社交能力发育的特点

- 可以通过吸吮和回避的方式来调节消极情绪
- 能够理解快乐、愤怒、伤心等面部表情
- 会使用面部表情和声音引起家长和照顾者的注意

运动游戏对4～6月龄宝宝的益处

4～6月龄的宝宝成长十分明显，身体活动越来越多，眼睛和耳朵的功能以及手脚的运动逐渐开始协调。宝宝需要更多认识外部世界的机会和自由活动身体的环境，更好地掌握动作的技能和技巧，游戏就是最好的方法。

1. 神奇的小飞毯

游戏目的

(1) 训练宝宝的运动技能——躯干控制。

(2) 促进宝宝感觉统合能力的发展。

(3) 促进宝宝手眼协调和平衡能力的发展。

游戏内容

宝宝躺或趴在干净的小毯子上，家长轻轻拉起小毯子的角，以顺时针方向带动宝宝慢慢旋转 1～3 圈。稍作停留后，接着再逆时针转 1～3 圈。

在游戏过程中，家长可以哼唱宝宝熟悉的歌曲或与宝宝说话，缓解宝宝的焦虑。

安全指导

(1) 旋转时应缓慢进行，避免宝宝受惊。

(2) 喂奶后 30 分钟内不宜做此游戏，以免引起吐奶。

2. 宝宝自己拿奶瓶

游戏目的

(1) 训练宝宝的运动技能——手在中线位持物和手、口、眼的协调能力。

(2) 提高宝宝的抓握能力。

(3) 提高宝宝的情感认知和社交能力。

游戏内容

家长可在宝宝的喂养时间进行此游戏。将奶瓶置于宝宝眼前，并慢慢将奶瓶靠近宝宝的嘴部，在奶瓶靠近过程中引导宝宝双手捧住奶瓶喝奶。

待宝宝熟悉此游戏后，家长可将奶瓶换成柱状布艺摇铃，引导宝宝双手握住摇铃并轻轻摇晃，提高宝宝上肢中线活动的难度。

安全指导

(1) 此游戏应在宝宝心情愉悦的情况下进行，不可强迫宝宝。

(2) 选取的玩具需要安全、柔软，避免宝宝碰伤或误食。

3. 拉大锯，扯大锯

游戏目的

（1）训练宝宝的运动技能——头和躯干的控制。

（2）增强宝宝的腹部和腰背部力量。

（3）促进宝宝的视觉、听觉、触觉、空间感知觉发育。

游戏内容

宝宝平躺在床上，家长抓住宝宝双侧肩膀轻轻扶宝宝坐起，在这一过程中引导宝宝自己屈曲颈部将头抬离床面。

多次游戏后，待宝宝的头不再后仰且能保持头部与背呈一条直线时，家长可以将手移到宝宝的肘部，双手拉宝宝的肘引导其抬起头颈及上半身直到坐起。

如果宝宝可以完成得很好，就可以让宝宝躺在床上，握住宝宝的双手，鼓励宝宝拉着家长的手，自己将头颈及上半身抬离床面并坐起。

在游戏中，家长可以哼唱歌谣："拉大锯，扯大锯！外婆家，唱大戏！爸爸去，妈妈去！小宝宝，也要去。"

安全指导

（1）该游戏应在观察到宝宝躺在床上有收下颌的动作或自己抬头离开床面的动作后再进行。

（2）动作轻柔缓慢，切忌快速粗暴，以防造成宝宝关节脱位。

（3）注意保护宝宝头部，以防宝宝因头部失控，造成损伤。

（4）宝宝累了可稍作休息。

（5）宝宝哭吵时，应暂停活动，给予安抚。

4. 神奇的升降机

游戏目的

（1）促进宝宝感觉统合能力的发展。

（2）利用移动的环境刺激宝宝视觉的发育。

（3）增强宝宝对不同音调的感知及对简单元音的模仿。

游戏内容

家长躺在床上，双腿并拢弯曲，让宝宝趴在家长的小腿上。

家长双手扶在宝宝腋下，慢慢地向左右上下移动双腿：一上一下、一左一右移动自己的小腿，带动宝宝向不同方向移动。

在移动的过程中，家长配合语言，如在上升时，说“起飞啦，u——”这时音调往上走；在下降时，说“下降了，u——”这时音调往下走。

在游戏过程中，可根据宝宝的实际情况，逐渐增加移动速度和移动范围。

安全指导

（1）注意观察宝宝的情绪，如果宝宝比较恐惧，应立即停止游戏。

（2）控制好宝宝的身体，以防坠落。

（3）游戏速度不宜过快，以安全为主。

5. 小小俯卧撑

游戏目的

（1）训练宝宝的运动技能——双手支撑和保持平衡。

（2）利用移动的环境刺激宝宝视觉的发育。

（3）促进宝宝感觉统合能力的发展。

（4）诱导宝宝上肢出现保护性支撑反应。

游戏内容

宝宝趴在床上，家长轻轻拖住宝宝的胸部和臀部，小心地抬起宝宝的身体，引导宝宝的双手支撑在床面上。

待宝宝可以自己控制上肢撑住床面后，减少对宝宝的辅助，引导宝宝自己稳定身体。

安全指导

（1）动作需轻柔缓慢，切忌快速粗暴。

（2）宝宝哭吵时，应暂停活动，给予安抚。

（3）喂奶后30分钟内不宜做此游戏，以免引起吐奶。

6. 吊床摇一摇

游戏目的

(1) 激发宝宝的运动技能——翻身。

(2) 训练宝宝的前庭觉、位置觉、触觉。

(3) 提高宝宝的四肢活动能力。

游戏内容

将宝宝置于床单的正中央，两名家长拉起床单的四个角形成一个简易的吊床。两人配合轻轻左右摇晃吊床，使宝宝跟着摇晃并引导四肢主动活动。

待宝宝熟悉游戏后，家长配合使用床单为宝宝进行翻身活动，引导宝宝建立以下肢带动上肢翻身的翻身模式。

在游戏过程中，家长可以通过哼唱宝宝熟悉的歌曲，缓解宝宝的紧张情绪。

安全指导

(1) 应选择结实、牢固的床单，防止床单破裂发生意外。

(2) 家长摇晃床单时动作需要轻柔缓慢，以防宝宝受到惊吓。

(3) 宝宝哭吵时，应暂停活动，给予安抚。

(4) 家长在游戏中也需注意安全，以防跌倒。

7. 翻翻身，好开心

游戏目的

（1）训练宝宝的运动技能——辅助下翻身。

（2）促进宝宝四肢与躯干分离动作的发展。

（3）积累运动经验，促进宝宝协调活动的发展。

游戏内容

宝宝平躺于床上或地垫上。一位家长将玩具放在宝宝右侧吸引宝宝左手向右运动，另一位家长握住宝宝左腿向右腿上方运动，动作缓慢轻柔，引导宝宝主动翻身。

待宝宝翻转至俯卧，用相同的方法诱导宝宝翻至仰卧位，同时注意保护宝宝的头部。

一个完整翻身动作完成后，引导宝宝继续向左侧练习翻身。待宝宝熟练掌握翻身技能后，可以通过在稍远的位置放置玩具，引导宝宝连续翻身。

安全指导

（1）翻身过程中，家长需要保护宝宝的头部，避免宝宝因头部失控而受伤。

（2）若宝宝在俯卧位下，家长需要帮助宝宝将其双手放在肘支撑的位置，防止造成损伤。

（3）动作需轻柔缓慢，切忌快速粗暴。

（4）宝宝累了可稍作休息。

（5）宝宝哭吵时，应暂停活动，给予安抚。

（6）喂奶后30分钟内不宜做此游戏，以免引起吐奶。

8. 我要翻身拿玩具

游戏目的

（1）训练宝宝的运动技能——翻身及肘支撑。

（2）促进宝宝视觉、听觉、触觉发展。

（3）积累运动经验，为肘支撑坐起做准备。

游戏内容

宝宝趴在垫上。家长呼唤宝宝的名字，并选择宝宝喜欢的声光玩具，引导宝宝翻身转移，靠近玩具，并引导宝宝撑起肘将前胸抬离地面。

玩具的声音可由大变小，亮度可由亮至暗，增加宝宝寻找玩具的难度，激发宝宝的探索能力和解决问题的能力。

安全指导

（1）不宜选择声音过大、亮度过高的玩具，以免造成宝宝听力、视力的损伤。

（2）动作需轻柔缓慢，切忌快速粗暴。

（3）喂奶后30分钟内不宜做此游戏，以免引起吐奶。

9. 铃儿哪里响

游戏目的

（1）训练宝宝的运动技能——独立翻身。

（2）促进宝宝全身运动的协调性。

（3）激发宝宝好奇心及探索新鲜事物的欲望。

游戏内容

宝宝侧卧，家长在宝宝身后摇铃棒，引导宝宝从侧卧位翻身至仰卧位。

宝宝熟悉此游戏后，家长将摇铃棒置于宝宝身后，铃声由近至远，观察宝宝是否能听到铃声并翻身寻找。

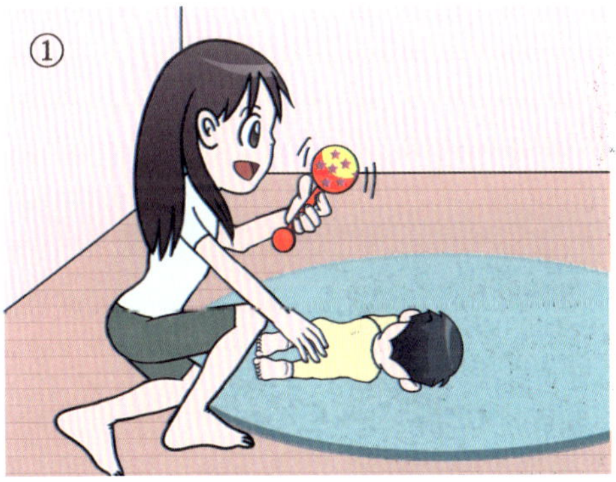

安全指导

（1）应在发现宝宝有主动翻身迹象后再进行此游戏。

（2）家长要在宝宝后方保护，以防宝宝失控撞击到头部。

（3）应提前清空周围物品，以防宝宝撞伤。

10. 我是小小毛毛虫

游戏目的

(1) 训练宝宝的运动技能——四肢的协调性。

(2) 提高宝宝的核心稳定性。

(3) 积累运动经验，为爬做准备。

游戏内容

宝宝趴在爬行垫上，家长引导宝宝通过挪动身体去抓取玩具，像毛毛虫般蠕动身体。

待宝宝熟悉此游戏后，家长可将宝宝的初始位置调整为侧卧位，让宝宝自行转换体位到俯卧位后继续进行游戏。

安全指导

(1) 选择宝宝感兴趣的玩具。

(2) 游戏前应清空周围物品，以防宝宝撞伤。

(3) 喂奶后 30 分钟内不宜做此游戏，以防吐奶。

11. 抓到脚丫尝一尝

游戏目的

(1) 训练宝宝的运动技能——手、口、眼的协调能力。

(2) 提高宝宝的身体协调性。

(3) 帮助宝宝认识身体部位。

游戏内容

宝宝躺在床上，家长引导宝宝用小手抓脚。

如果宝宝摸到自己的脚，告诉宝宝“这是你的小脚”，鼓励宝宝主动抓脚。

待宝宝熟悉此游戏后，可以让宝宝尝试将小脚放到嘴巴中，家长可以问宝宝：“你的小脚是什么味道啊？”

安全指导

(1) 注意清洗干净宝宝的手和脚，保持卫生。

(2) 保持宝宝手脚的指甲干净、不宜过长，以防刮伤。

(3) 家长动作需轻柔缓慢，切忌快速粗暴。

12. 我要坐着看世界

游戏目的

(1) 训练宝宝的运动技能——辅助下坐位平衡。

(2) 增强宝宝对远处事物的观察,促进视觉和认知的发展。

(3) 激发宝宝的好奇心和探索新鲜事物的欲望。

游戏内容

宝宝背靠家长胸腹部坐于腰凳上,家长注意将腰凳的背带绑好,确保宝宝安全。

天气晴朗、气温适宜时,建议家长每日背宝宝到户外活动至少 30 分钟,鼓励宝宝探索周围环境中的人物、动作、景致,激发宝宝的好奇心,练习坐位平衡。

户外活动时,家长可以告诉宝宝所看到事物的名称。

安全指导

(1) 此游戏需在宝宝头部控制稳定且有一定的躯干控制能力后进行。

(2) 选取安全可靠的腰凳,以防损伤。

(3) 家长需加强对自身腰部的保护。

13. 开心抓抓乐

游戏目的

(1) 训练宝宝的运动技能——手指的随意抓握。

(2) 提高宝宝的坐位平衡能力。

(3) 促进宝宝视觉、听觉、触觉发展。

游戏内容

宝宝坐于餐椅中，在餐椅的台板上放置一块软布，引导宝宝通过拉拽、揉捏、抓握等方法得到软布。

当宝宝得到软布后，可以和家长进行躲猫猫的游戏，并引导宝宝大声笑。

待宝宝熟悉此游戏后，可在软布上放置积木或玩具，增加宝宝拉拽玩具的重量，鼓励宝宝坚持完成。

①

②

安全指导

(1) 此游戏要求宝宝有一定的躯干控制能力后进行。

(2) 选择安全可靠的玩具，以防宝宝误伤或误食。

14. 升级抓抓乐

游戏目的

(1) 训练宝宝的运动技能——手抓握和主动耙抓能力。

(2) 提高宝宝的坐位平衡能力。

(3) 促进宝宝手眼协调能力的发展和对小物体的专注力。

游戏内容

宝宝坐在家长大腿上。家长在桌上放置不同质地、形状的玩具,如小木棒、套圈圈、积木等,在宝宝看见玩具后,鼓励宝宝去拿玩具。

玩具体积可由大到小,待宝宝熟悉游戏后,家长可以轻轻晃动自己的大腿,为宝宝在保持坐姿平衡的条件下进行抓握增加难度。

安全指导

(1) 此游戏要求宝宝有一定躯干控制能力后进行。

(2) 应选择安全可靠的玩具,以防宝宝误伤或误食。

15. 全家小球赛

游戏目的

(1) 训练宝宝的运动技能——双臂中线活动能力。

(2) 促进宝宝的坐位平衡和言语理解能力。

(3) 提高宝宝的认知和对空间的感知能力。

游戏内容

一名家长坐在宝宝身后扶住宝宝的躯干，帮助宝宝稳定坐姿，另一名家长与宝宝面对面坐，互相将球推向对方。

游戏过程中，当球向宝宝滚来时，帮助宝宝稳定躯干的家长可以一边说“球来了，接住”，一边握住宝宝的小手一起接球；推出去时可以一边说“推出去”，一边握住宝宝的手将球推出。

待宝宝适应游戏后，家长可以将滚球的方向稍向两边偏移，引导宝宝通过转移坐位重心来接球。

安全指导

(1) 此游戏要求宝宝有一定躯干控制能力后进行。

(2) 应选择柔软安全的布球，以防损伤。

(3) 家长动作需轻柔缓慢，切忌快速粗暴。

7~9月龄宝宝运动发育的特点

- 翻身时，有意伸展上肢（或下肢），继而躯干、下肢（或上肢），分段转动，连续从仰卧至俯卧，再翻至仰卧位
- 坐位时，7月龄可坐稳，双手可玩玩具，但活动范围较大时身体会向侧面倾斜失去平衡；8月龄可竖直背部坐，可在双上肢帮助下向前移臀
- 俯卧位，7月龄可后退或原地转；8月龄可匍匐运动；9月龄可四点（双手和双膝）爬，能伸出一侧手向前够物
- 可从坐姿开始爬行或变成卧位、侧卧位、手膝支撑等其他体位
- 可在扶持下站立片刻
- 出现双手配合动作，能将双手拿的物品对敲，学会使用不同方法摆弄玩具和物品
- 逐渐从全手耙抓到手指对指抓握，抓握的准确性越来越高，可以用食指戳物体将其放进容器内，也可以取出

7~9月龄宝宝视觉发育的特点

- 辨别物体的能力提高，对图画的兴趣增强，开始发现一些被局部遮挡的物体
- 可以区别陌生人和熟人，开始出现视觉记忆
- 色觉完全发育成熟，能注意到远处的东西，如飞机、飞鸟等
- 喜欢通过丢物品的方法来建立空间感和测距离
- 对周围环境中鲜艳明亮的活动物体很感兴趣
- 会模仿大人的动作

7~9月龄宝宝听觉及言语发育的特点

- 能够通过音调分辨照顾者的情绪，如愉悦、冷淡、恼怒等
- 逐渐能够听懂几个字，包括家庭成员的称呼
- 会辨识日常生活中常用的肢体语言，如用摇手表示“再见”等
- 8月龄开始注意电视，懂“不”的意思，能找到声源
- 咀嚼能力逐渐发展，舌头可以转运、搅拌食物
- 能发出重叠性双音节或一连串的辅音
- 学会用不同语调加上动作和脸部表情来表达自己的情绪和态度

7~9月龄宝宝情感和社交能力发育的特点

- 有负面情绪和正向情绪时都希望被照顾者关注到
- 对其他人的情感表现有反应，经常显得很快乐
- 与熟人分离时，会出现不安、悲伤、惧怕的情绪
- 对周围环境产生极大兴趣，喜欢跟人一起玩，会主动亲近其他婴儿
- 能够意识到赞扬和他人的热情
- 喜欢熟悉的生活规律，如在规定时间睡眠和沐浴

运动游戏对7~9月龄宝宝的益处

7~9月龄是宝宝爬行能力、抓握能力和感知力发展的关键时期。这一阶段家长应该把握时机，让宝宝在游戏中尝试爬行、抓握和感知，接触丰富多彩的事物，帮助宝宝发现自己的兴趣并掌握必要的本领。

1. 声音在哪里

游戏目的

(1) 训练宝宝的听觉察知能力。

(2) 提高宝宝坐位平衡能力和核心稳定性。

(3) 激发宝宝的好奇心及对周围事物探索的欲望。

游戏内容

宝宝坐于垫上或床上。家长在宝宝的身后用玩具发出声音，说“宝宝，找一找声音在哪里”，引导宝宝通过扭头转动身体，找到玩具并拿到玩具。

在游戏中，可以通过变换声音的方向和响度来引导宝宝感知不同的声音，寻找声源。

安全指导

(1) 选择安全可靠的玩具。

(2) 在宝宝转动身体寻找玩具时，时刻注意保护宝宝的安全。

2. 水果泥，真好吃

游戏目的

(1) 训练宝宝的运动技能——用舌头转运食团。

(2) 促进宝宝味觉、嗅觉的发育和认知功能的提升。

(3) 激发宝宝的好奇心及探索新鲜事物的欲望。

游戏内容

宝宝坐于餐椅中，家长将香蕉、苹果等做成泥状辅食后，引导宝宝闻味道，再喂宝宝吃下辅食，并告诉宝宝："这是香蕉(苹果)的味道，真好吃！"

待宝宝适应后，家长可以更换或添加其他辅食。

安全指导

(1) 应选取宝宝曾经吃过且不过敏的食物。

(2) 在宝宝无不适症状且适应5～7天后再添加新品种食物，每次添加1种。

(3) 辅食制作以天然、清淡为原则，尽量少加或不加盐和糖，不添加味精和人工色素等。

(4) 宝宝哭吵时应停止喂食，以防误吸。

3. 咬到水果细细嚼

游戏目的

（1）训练宝宝的运动技能——咀嚼。

（2）提高宝宝的手口协调能力。

（3）让宝宝充分咀嚼食物，帮助宝宝顺利进食。

游戏内容

家长将水果（如苹果等）切成小块后放到清洗干净的“咬咬乐”中，引导宝宝自己抓着“咬咬乐”的把手，将水果放到嘴里进行咀嚼。也可以选择适合宝宝月龄的磨牙饼干进行游戏。

在游戏中，尽量使宝宝采取坐位，以防误吸。

如果宝宝不理解游戏，家长可以用夸张的动作示范咀嚼食物，引导宝宝跟着一起学习。

安全指导

（1）选取安全可靠的“咬咬乐”，使用前应清洗干净。

（2）所选食物必须是宝宝已经吃过且不过敏的。

（3）选择低糖无盐的磨牙饼干，质地不宜过软或过硬，以免影响磨牙效果。

4. 我会自己吃饼干

游戏目的

(1) 训练宝宝的运动技能——全手耙抓、对指抓握。

(2) 提高宝宝手、口、眼的协调能力和自主进食的能力。

(3) 增加宝宝主动进食的兴趣。

游戏内容

宝宝坐于餐椅中，家长在餐椅的台板上放一个装有婴幼儿饼干的小碗。家长先示范拿饼干和吃饼干的动作，再引导宝宝自己抓住饼干吃。

饼干的选择可以由大到小，逐步提高抓握难度。

安全指导

(1) 此游戏应在宝宝添加辅食后进行。

(2) 应选择适合宝宝年龄段的饼干，充分考虑食品的安全性。

(3) 宝宝不能自主咀嚼前，建议先选择入口可融化的食品。

(4) 家长要在游戏中全程陪同，以防宝宝误食和呛噎。

5. 挥挥小手说“拜拜”

游戏目的

（1）训练宝宝辨识日常生活中常用词及肢体语言的能力。

（2）增强宝宝模仿他人动作的能力，促进视觉发育。

（3）激发宝宝自我表达的意愿，提高社交能力。

游戏内容

一位家长抱着宝宝或让宝宝坐在床上，另一位家长在门口模拟准备出门，同时边挥手边和宝宝说：“宝宝，拜拜。”抱着宝宝的家长示范回应，边挥手边说：“拜拜。”

反复给宝宝演示，听到“拜拜”后，要挥手回应并说“拜拜”。

安全指导

宝宝在坐位进行挥手“拜拜”时，要保证其安全，如果重心不稳，家长要在身边保护。

6. 小车稳稳拉过来

游戏目的

(1) 训练宝宝的运动技能——手眼协调能力。

(2) 通过拉绳子建立空间感和测距离，促进宝宝视觉发育。

(3) 改善宝宝的手指抓握能力和视觉整合能力。

游戏内容

家长在宝宝喜欢的玩具小车上系上绳子，示范通过拉绳子的一端拿到玩具小车。然后将绳子一端放到宝宝面前，引导宝宝轻轻拉绳子得到玩具小车，并保持不翻车。

待宝宝熟悉游戏后，家长可通过调节绳子的长度和小车的方位，引导宝宝通过体位转移来得到玩具小车，从而增加难度。

安全指导

(1) 所选玩具小车要安全无棱角，以防撞伤。

(2) 游戏过程中，家长要全程陪同。

7. 聪明宝宝找积木

游戏目的

（1）训练宝宝的运动技能——双手协同动作。

（2）训练宝宝的视觉记忆，促进宝宝视觉发育。

（3）激发宝宝好奇心及探索新鲜事物的欲望。

游戏内容

家长将不同颜色、形状的积木放到不同的盒子或瓶子里，家长先演示通过打开盒子或者拧开盖子找到积木，再让宝宝通过打开盒子或瓶子，自己找积木，并体会找到积木的快乐。

宝宝找到积木后，家长要及时给予鼓励，并告诉宝宝“这是积木”，诱导宝宝进行发声模仿。

安全指导

（1）选取材质安全的积木，以防宝宝误食。

（2）家长要在游戏中全程陪同，注意安全。

8. 吹起纸条满天飞

游戏目的

（1）训练宝宝的运动技能——手的灵活性和手眼协调能力。

（2）促进宝宝的心肺功能和呼吸能力。

（3）提高宝宝对连续指令的执行力和模仿能力。

游戏内容

家长将纸放到宝宝前面，家长先演示用一只手将纸抓起，将纸撕成条状放在手上，用嘴巴吹气把纸条吹跑。

然后引导宝宝自己撕纸，并将撕下来的纸条放到家长手上，家长将纸条吹掉，再鼓励宝宝尝试吹纸。

安全指导

（1）游戏中，家长需谨防纸张掩盖宝宝口鼻，造成呼吸困难。

（2）尽量采用安全可食用的纸，以防宝宝误食。

9. 小猫喵喵喵

游戏目的

（1）训练宝宝对小动物的认知能力。

（2）训练宝宝对小动物叫声的辨别能力。

（3）促进宝宝的言语发育。

游戏内容

家长准备常见的小动物模型，如猫、狗、鸭子、羊等。

家长先将一个小猫模型拿给宝宝看，同时模仿猫咪的叫声“喵喵喵”。之后依次给宝宝演示每个动物的叫声，也可带宝宝去动物园去看小动物。

游戏过程中，家长可以让宝宝看着自己的嘴巴，模仿动物的叫声，并鼓励宝宝自己发出声音。

安全指导

（1）应在宝宝心情愉悦时进行该游戏。

（2）家长以引导为主。

10. 水中玩耍真欢乐

游戏目的

（1）训练宝宝的运动技能——双手配合动作。

（2）促进宝宝的坐位平衡。

（3）促进宝宝的情感表达和神经发育。

游戏内容

让宝宝坐在洗澡盆中，家长在盆中放入洗澡玩具，如小鸭子、小鱼等。

家长用双手从宝宝肩上不停地往下淋水，使宝宝感受水的流动，也可以引导宝宝用手拍水、把脚抬起来感受水花溅起。

家长引导宝宝用手指在盆里画圆圈，跟随着手指的转动，水里会出现一个个旋转的小漩涡。当水转起来时，玩具也会跟着转起来。家长可以先做示范，再手把手教宝宝用手指在水里转动。

安全指导

（1）挑选材质安全的洗澡玩具。

（2）宝宝在拍水时容易出现坐不稳的情况，需要另一家长在一旁扶稳。

11. 玩具丢丢乐

游戏目的

(1) 训练宝宝的运动技能——躯干扭转和操作物体。

(2) 通过丢玩具建立空间感和测距离，促进宝宝视觉发育。

(3) 提高宝宝的认知能力和对空间的感知能力。

游戏内容

家长准备一个大箱子，在箱底铺上软垫后，让宝宝坐在箱子里。可以将宝宝的一些玩具放在箱子中，鼓励宝宝将玩具扔到箱子外面或者交到家长手上。

在游戏过程中，可以鼓励宝宝通过改变扔东西的力量，观察玩具落下的位置，帮助宝宝建立空间概念。

安全指导

(1) 选择安全可靠的箱子和玩具。

(2) 在游戏过程中，家长要在一旁保护，以防发生意外。

12. 摘下小球数一数

游戏目的

(1) 训练宝宝的运动技能——直背坐位下自如玩耍。

(2) 提高宝宝的坐位平衡能力。

(3) 培养宝宝收纳整理物品的习惯。

游戏内容

让宝宝坐在地板上，家长用胶带在墙上贴一些小的毛绒球。家长示范用手将墙上的毛绒球拿下来，边拿边数数，取下来后放到盒子里。之后，让宝宝自己取毛绒球，并放到盒子里。

家长可以逐渐加快数数的速度，促使宝宝加快动作节奏。

①

②

安全指导

家长必须在游戏过程中全程陪同，注意安全。

13. 比比谁的力气大

游戏目的

（1）训练宝宝的运动技能——躯干扭转和坐位平衡。

（2）增强宝宝的上肢力量和对他人的模仿能力。

（3）促进宝宝社交互动能力的发展。

游戏内容

家长和宝宝分别坐在床上。一位家长双手抓住毛巾一端，宝宝双手抓住毛巾另一端，一起练习拉扯。

抓毛巾的家长根据宝宝的力量情况适当调节拉毛巾的力度，另一位家长在宝宝身后进行保护。

游戏中也可将毛巾换成不同质地的布或较为结实的绳子。

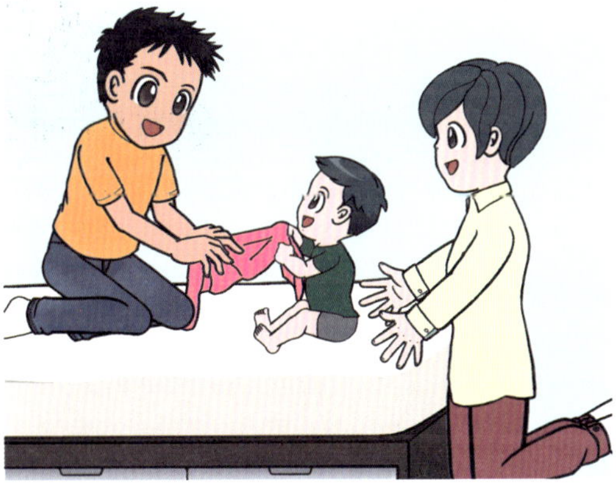

安全指导

（1）该游戏应在宝宝能独立坐稳后进行。

（2）游戏中需要一位家长在宝宝后方保护。

14. 小屁股，向前挪

游戏目的

(1) 训练宝宝的运动技能——向前移臀。

(2) 增强宝宝的四肢力量、坐位平衡能力及躯干协调能力。

(3) 增强宝宝对他人动作的模仿能力，促进视觉发育。

游戏内容

家长将玩具放到距离宝宝 1 米左右的地方，引导宝宝双手放在身后，借助双手的驱动，使屁股向前移动，拿到玩具。

家长先做示范，待宝宝熟悉游戏后，通过改变玩具的方向，引导宝宝转身后再向前挪动身体，从而增加难度，提高宝宝的肢体灵活性。

在游戏过程中，家长可以和宝宝一起做，在宝宝完成任务后给予鼓励。

安全指导

(1) 该游戏应在发现宝宝有坐位移臀的能力后进行。

(2) 开始游戏前，应清空周围物品，以防宝宝撞伤。

(3) 若宝宝哭闹，则停止游戏。

15. 我是爬行小能手

游戏目的

(1) 训练宝宝的运动技能——坐向爬的转换及爬行。

(2) 增进宝宝与家长之间的亲子交流。

(3) 让宝宝体验成功的乐趣。

游戏内容

家长将宝宝喜欢的玩具放到稍远处，引导宝宝从坐位转换成向前爬行并拿到玩具。

在宝宝先拿到玩具时，家长应及时给予宝宝赞扬。

在游戏中，家长可以适度鼓励宝宝加快爬行的速度。

安全指导

(1) 进行游戏前，应清空周围物品，注意宝宝安全。

(2) 做好室内防护，避免宝宝触摸插座等危险物品。

10～12 月龄宝宝运动发育的特点

- 可以熟练地进行膝手爬，腹部可离开床面，逐渐出现肩高于臀
- 出现手足爬行，可爬过障碍物、爬高上低等，逐渐学会坐爬交替
- 爬行速度加快，可远距离爬行；开始爬高，逐渐学会坐爬站交替
- 能保持直跪位，并跪着向前走
- 立位平衡能力逐渐完善，可独自站立，时间由短至长
- 开始独立步行，两脚间距较宽，出现上肢上举以维持平衡
- 会用拇指与示指、中指相对，用拇指指尖与示指指尖捏起玩具
- 可熟练使用双手操纵物品和玩具
- 可模仿照顾者的样子进行挤、拍、滑动、捣动、敲打等动作
- 学会打开瓶盖和拿取收纳容器中的物品
- 能用手握住笔在纸上点画或涂鸦

10～12 月龄宝宝视觉发育的特点

- 12 月龄的宝宝视力达 0.3
- 眼与手的精细动作协调，能捏起细小的物体，如细绳子
- 看到物品时，能通过爬行、站立拿到物品
- 能够观察到地面上的细小物品

10～12 月龄宝宝听觉及言语发育的特点

- 出现不同音节的连续发音，音调开始多样化
- 10 月龄左右会说出第一个有具体意义的词汇，如看着爸爸时叫“爸爸”
- 听音乐跳舞、叫名字答应，可以执行简单指令
- 听觉开始言语化，可以理解 10 个左右的祈使句和疑问句
- 会模仿一些成人非语言声音或成人发出的其他声音

10～12 月龄宝宝情感和社交能力发育的特点

- 对照顾者发出的信号很敏感，并能做出及时、恰当的反应
- 对陌生人和陌生的地方有认生、焦虑和害怕的情绪
- 在不断的实践中，宝宝会产生成功的愉悦感
- 对其他宝宝感兴趣，愿意与他们接近、互动、游戏

运动游戏对 10～12 月龄宝宝的益处

10～12 月龄的宝宝好奇心开始萌芽，四肢活动和手部精细动作发展迅速，能理解父母的话、表达自己的情感。游戏是这一阶段宝宝获得认知启蒙的最佳方法，既可以让宝宝接触到不同的新玩具，培养宝宝对外部世界的极大兴趣，又能让宝宝在游戏中更好地学习事物间的因果关系，学习更好地进行自我表达。

1. 小手拍小鼓

游戏目的

(1) 训练宝宝的运动技能——坐爬交替。

(2) 激发宝宝主动拍、按的兴趣。

(3) 提高宝宝的注意力。

游戏内容

家长将音乐手拍鼓放到小桌子上，让宝宝从爬行垫的一边爬到小椅子附近，然后转换成坐位，用手拍打鼓面上的按钮，触发玩具发出声音。

宝宝每拍到一次，家长及时给予表扬。

随着宝宝对游戏的渐渐熟悉，可以将音乐手拍鼓放在更高处，增加拍鼓的难度。

安全指导

(1) 进行游戏前应清空周围物品，防止宝宝受伤。

(2) 做好室内防护，避免宝宝触摸插座等危险物品。

(3) 应在小桌子周边贴上防撞条，以防宝宝碰伤。

(4) 家长应在旁边保护，以防宝宝失控发生意外。

2. 点头"yes"，摇头"no"

游戏目的

(1) 训练宝宝的运动技能——直跪。

(2) 提高宝宝的表达和模仿能力。

(3) 训练宝宝辨认熟悉的事物，促进宝宝视觉发育。

游戏内容

家长和宝宝面对面跪坐。家长拿出一个宝宝想要的玩具，询问宝宝"你要这个吗"。如果宝宝希望获得玩具，家长可以示范点头的动作，让宝宝跟着模仿。如果宝宝出现点头的动作，立即将玩具给宝宝，并给予表扬；如果宝宝没有点头，家长可以用手轻轻地帮助宝宝完成点头动作，动作完成后，立即将玩具给宝宝，同时给予表扬。

当宝宝需要某个玩具时，家长故意拿错，并询问宝宝"你是要这个吗"。按照之前的方法进行示范，训练宝宝学会摇头动作。在宝宝摇头后立即将他需要的其他玩具给他，同时给予表扬。

安全指导

(1) 家长在帮助宝宝点头和摇头时，动作要轻柔，切忌粗暴。

(2) 做好室内防护，避免宝宝触摸插座等危险物品。

3. 小饼干，捡进碗

游戏目的

（1）训练宝宝的运动技能——柱状抓握、视力与精细动作协调。

（2）提高宝宝专注力，促进视觉发育。

（3）激发宝宝自主进食的能力。

游戏内容

宝宝坐在地垫上，家长在宝宝面前放一个空碗，在碗外放几个小饼干。

引导宝宝把小饼干捡起，并放进碗里。宝宝如果不理解“放”这个动作，家长可以用夸张的动作进行示范。饼干掉进碗里时，家长配合发出“咚”的声音，然后鼓励宝宝自己放。

安全指导

（1）进行该游戏的宝宝需能稳定地独坐于地垫上。

（2）应将地垫清理干净，以防意外。

（3）游戏中家长需全程陪同。

（4）做好室内防护，避免宝宝触摸插座等危险物品。

4. 小馒头，搬搬家

游戏目的

(1) 训练宝宝的运动技能——指尖对捏、视力与精细动作协调。

(2) 促进宝宝的专注力和视觉的发展。

(3) 培养宝宝对数字的认知和数数的能力。

游戏内容

家长将小馒头倒在一个小碗中，然后拿出一个小杯子，慢慢将小馒头放到小杯子中，边放边数数。

家长完成后，让宝宝自己放小馒头。可根据宝宝表现，如当宝宝放进去5个小馒头后，给予宝宝奖励。

待宝宝熟悉游戏后，可以鼓励宝宝每次拿2个或更多个小馒头一起放进杯中。

安全指导

(1) 选择大小适宜的小馒头。

(2) 在游戏过程中，家长需全程陪同，以防宝宝在吃小馒头时呛噎。

5. 我的百变积木

游戏目的

(1) 训练宝宝的观察能力，促进宝宝视觉发育。

(2) 促进宝宝的手眼协调能力。

(3) 提升宝宝对形状的辨识能力。

游戏内容

家长准备一个几何形状认知盒，给宝宝示范打开盒子、拿出积木、关上盒子。同时对宝宝说："宝宝，现在我们打开盒子，把小积木拿出来，再把盒子盖好。"训练宝宝听指令完成动作。

然后，尝试让宝宝先找出圆形的积木，并对准圆形的洞把积木放进盒子，再逐一尝试别的形状。

宝宝成功后，家长及时给予鼓励。

安全指导

(1) 选取安全可靠的玩具，以防宝宝将积木放进嘴巴。

(2) 游戏中家长需全程陪同，以防发生意外。

6. 开动脑筋救小球

游戏目的

(1) 训练宝宝的观察能力和手眼协调能力。

(2) 激发宝宝好奇心及探索新鲜事物的欲望。

(3) 提高宝宝思考和解决问题的能力。

游戏内容

宝宝坐或跪于垫上，家长准备一个方形的小盒子，上方正中开一个圆口，在下方一个角上再开一个方口。

将小球从盒子上方的圆口投入，摇动盒子使宝宝听到球在里面滚动的声音，宝宝伸手来拿时，将盒子倾斜，使球从盒子下方的方口处滚出来。

当宝宝拿起盒子听不到声音，也找不到小球时，家长再把球投入，看看宝宝能否将球从开口处倒出。

安全指导

(1) 严防宝宝将小球放入嘴巴发生意外。

(2) 如果宝宝特别喜欢将玩具放进嘴巴，可以将小球换成小饼干。

(3) 游戏结束后，家长及时收拾并摆放好小球。

7. 勇敢翻越障碍物

游戏目的

（1）训练宝宝的运动技能——辅助下爬过障碍物。

（2）增强宝宝的身体协调性和肌肉力量。

（3）增强宝宝的自信心。

游戏内容

家长鼓励宝宝爬家中的楼梯。从第一个台阶向上爬，爬到最上面后再让宝宝倒着爬下来。

如果家里没有楼梯，可以在床上用枕头和被子搭建各种障碍物，鼓励宝宝爬过障碍物。家长也可以仰卧或侧卧位躺在床上，让宝宝从家长的身上爬过去。

待宝宝熟悉这些游戏后，鼓励宝宝自己爬上床，并从床上爬下来。

安全指导

（1）宝宝爬行能力增强后，家长要注意将窗户上锁，以防宝宝爬到窗外发生意外。

（2）禁止宝宝在没有看护的情况下爬楼梯、攀爬家具等，以防发生意外。

（3）做好室内防护，避免宝宝触摸插座等危险物品。

8. 晋级爬高小能手

游戏目的

（1）训练宝宝的运动技能——辅助下攀爬。

（2）增强宝宝的身体协调性和平衡能力。

（3）提高宝宝解决问题的能力。

游戏内容

宝宝坐在床旁边的地上，家长将宝宝喜欢的玩具放在床边，鼓励宝宝拉着床沿自己站起来拿玩具。

随后，家长将玩具放到更远的地方，鼓励宝宝自己爬到床上拿玩具。如果宝宝无法完成，家长可以通过扶髋关节（胯部）给予一定的辅助，帮助宝宝共同完成。

宝宝成功后，家长要及时给予表扬。

安全指导

（1）该游戏要在宝宝具备爬行能力和扶站能力后进行。

（2）即使宝宝习得该技能，家长也要在一旁保护。

（3）禁止宝宝在没有看护的情况下爬楼梯、攀爬家具、爬到高处等，以防发生意外。

（4）做好室内防护，避免宝宝触摸插座等危险物品。

9. 上山容易下山难

游戏目的

(1) 训练宝宝的运动技能——倒退爬。

(2) 增强宝宝的身体稳定性和动作模仿能力。

(3) 培养宝宝的勇气。

游戏内容

家长先示范倒退着从床上爬下来，让脚接近床沿，头对着床头，慢慢落脚后，扶着床沿慢慢坐下来。

让宝宝学习倒退爬下床，当宝宝爬到接近床沿的位置时，引导宝宝转身并逐渐向后退，家长扶住宝宝的髋关节（胯部），让宝宝将脚慢慢着地。

待宝宝双脚着地后，鼓励宝宝扶着床沿站好，在宝宝站立期间要不断给予鼓励。

游戏中，为了增加趣味性，家长可以在宝宝倒退时说"倒车，请注意"。

安全指导

(1) 该游戏要在宝宝具备爬行能力和扶站能力后进行。

(2) 即使宝宝习得该技能，家长也要在一旁保护。

(3) 禁止宝宝在没有看护的情况下爬楼梯、攀爬家具、爬到高处等，以防发生意外。

(4) 做好室内防护，避免宝宝触摸插座等危险物品。

10. 超级室内保龄球

游戏目的

(1) 训练宝宝的运动技能——跪位平衡和协调运动。

(2) 增强宝宝的上肢肌肉力量和注意力。

(3) 激发宝宝的好奇心及探索新鲜事物的欲望。

游戏内容

让宝宝跪坐于地垫上，家长准备一个小皮球和几个矿泉水瓶，在瓶子上贴好不同颜色的彩纸后，放置在距离宝宝1米左右的位置。

家长先示范通过推出小皮球打翻瓶子，然后引导宝宝通过推出皮球击倒瓶子。

待宝宝熟悉游戏后，可以通过在瓶中加水改变瓶子的重量，或拉远宝宝与瓶子之间的距离来增加难度。

如果宝宝有直跪的能力，可以鼓励宝宝在直跪位下完成游戏。

安全指导

(1) 宝宝将球推出或踢出时，家长要在旁边保护，以防宝宝因重心不稳而摔倒。

(2) 做好室内防护，避免宝宝触摸插座等危险物品。

11. 拉开抽屉找玩具

游戏目的

（1）训练宝宝的运动技能——手的抓握和上肢力量。

（2）让宝宝学习开关抽屉，认识抽屉的功能。

（3）提高宝宝的手眼协调能力和立位平衡能力。

游戏内容

家长将小玩具放进抽屉里，然后关上抽屉。引导宝宝至抽屉前，指着抽屉对宝宝说："玩具哪里去了？宝宝找找看。"

家长可示范通过用手拉着把手拉开抽屉，让宝宝看到玩具，然后再将抽屉关上。再试着让宝宝拉开抽屉，反复拉开、关上，宝宝会慢慢模仿，直至取出自己的玩具。

安全指导

（1）要告诉宝宝在开关抽屉时，禁止将手放在抽屉里，以防夹手。

（2）宝宝学会开关抽屉后，家长要保存好自己的物品，不希望宝宝打开的抽屉需要上锁。

（3）做好室内防护，避免宝宝触摸插座等危险物品。

（4）地板不宜太滑，以防发生意外。

12. 木头人，站站好

游戏目的

（1）训练宝宝的运动技能——立位平衡。

（2）增强宝宝的下肢肌肉力量。

（3）建立亲密和谐的亲子关系。

游戏内容

家长在茶几上放宝宝喜欢的玩具，让宝宝站在茶几旁边玩，并鼓励宝宝身体不倚靠在茶几上，手或手臂可以放在茶几上进行支撑。

等宝宝站稳后，家长可以把玩具逐渐拿离桌面，鼓励宝宝用两只手拿玩具。

待宝宝熟悉游戏后，家长在茶几旁放椅子，鼓励宝宝将茶几上的玩具转移到椅子上。在转移玩具的过程中，鼓励宝宝独自站立。

宝宝站立能力改善后，家长可以在宝宝双手离开桌面时说："木头人，站站好。"宝宝完成后，给予及时赞扬。

宝宝保持独站的时间可以随着宝宝独站能力的提高逐步延长。

安全指导

（1）该游戏要在宝宝有扶站能力后才能进行。

（2）即使宝宝习得该技能，家长也需要在旁边进行保护。

（3）进行游戏前应清空周围物品，地板不宜太滑，以防发生意外。

13. 我是小小搬运工

游戏目的

（1）训练宝宝的运动技能——立位平衡和扶走。

（2）积累运动经验，为独立步行做准备。

（3）增强宝宝的下肢肌肉力量。

游戏内容

宝宝站在沙发的一侧，家长将玩具放在沙发的另一侧，鼓励宝宝自己扶着沙发走过来拿玩具。

待宝宝熟悉游戏后，可以在沙发一侧放玩具，另一侧放收纳箱，鼓励宝宝将自己的玩具全部放到收纳箱中。

在游戏过程中，家长要在旁边保护，鼓励宝宝来回双向行走，宝宝每完成一次家长应及时给予赞扬。

安全指导

（1）该游戏要在宝宝有扶站能力后才能进行。

（2）即使宝宝习得该技能，家长也需要在旁边进行保护。

（3）进行游戏前应清空周围物品，地板不宜太滑，以防发生意外。

14. 推小车，向前进

游戏目的

(1) 训练宝宝的运动技能——辅助下行走。

(2) 增强宝宝的下肢肌肉力量。

(3) 激发宝宝好奇心及探索新鲜事物的欲望。

游戏内容

家长在地上贴出一个运动轨迹，给宝宝一个小推车，引导宝宝向前推小车，家长在宝宝的后方保护。

家长通过口头提示和身体接触来指引宝宝看地面上的运动轨迹。待宝宝熟悉游戏后，鼓励宝宝自己推着小车向前进，家长逐渐减少帮助。

安全指导

(1) 进行游戏前应清空周围物品，地板不宜太滑，以防发生意外。

(2) 游戏中家长应全程陪同。

(3) 即使宝宝具备了独立推动小车的能力，家长也要在旁边保护，以防宝宝因重心失控而摔倒。

15. 手牵手，走小路

游戏目的

(1) 训练宝宝的运动技能——牵手步行。

(2) 积累运动经验，为独立步行做准备。

(3) 提高宝宝专注力，增加亲子间的互动。

游戏内容

家长用胶布贴出两道长长的线，间隔宽度大约 30 厘米。家长牵着宝宝的双手走在两条线之间。

待宝宝熟悉游戏后，家长可以仅牵着宝宝的一只手，鼓励宝宝自己向前走。

宝宝有独立步行的能力后，可鼓励宝宝在线内独立步行。

安全指导

(1) 该游戏应在宝宝出现扶走动作后开始进行。

(2) 即使宝宝具备了独立步行能力，家长也要在旁边保护。

(3) 进行游戏前应清空周围物体，地板不宜太滑，以防发生意外。

Part 2

适合 1～2 岁宝宝的运动游戏

随着宝宝身体移动能力的提高，宝宝的活动范围逐步增大，建议 1～2 岁宝宝的部分活动由室内向室外转移，交替进行室内和室外活动。这一阶段的宝宝智能发展迅速、语言思维和社交能力的发育日渐增速，但危险意识不充分，所以家长更应注重游戏环境和游戏过程的安全性。

1～2 岁宝宝每天需要 11～14 小时的高质量睡眠。建议每日间歇进行游戏活动，总时间不少于 180 分钟，充满活力的身体活动应贯穿全天，越多越好；其次保持坐姿时间＜30 分钟，每天久坐总时间＜1 小时，且无“屏幕时间”。

适合 1～2 岁宝宝的玩具：洞洞书或绘本、吹泡泡玩具、小鼓、色卡、海洋球、小皮球、有轮子并且可拉动的小车或玩具、毛绒玩具等。

1～2 岁宝宝运动发育的特点

- 走路时可以完全控制自己的步伐，双脚间距较宽、可呈外八字，身体不稳
- 走路速度逐渐提升，学会抛球、单脚站、侧向走，2 岁时可倒退走、开始学跑、蹦跳、踢球
- 可以独坐小凳、弯腰拾物，学会脱衣、穿鞋
- 开始学会蹲下拾物品，不用大人帮助就可以攀爬家具，可扶着扶手上下楼梯
- 开始有能力协调身体的各个部位，如洗澡时将肥皂泡泡涂在身上
- 手的灵活性增加，可以握住杯子、勺，打开和盖上盒子，学习翻书
- 可以用拇指和食(示)指捏起非常小的物品，开始涂涂画画

1～2 岁宝宝视觉发育的特点

- 1.5 岁宝宝视力可以达到 0.4，2 岁宝宝视力为 0.4～0.5
- 可以看见细小的东西(如衣服上的头发)，可以看到 3 米远的玩具
- 会听讲故事、指出图片上的动物名称

1～2 岁宝宝听觉及言语发育的特点

- 此阶段词汇和语法能力均开始迅速发育，能够发出字的第一个辅音(b、d、t)和元音(a、e、i、o、u)，但可能漏掉后面的音节
- 会说熟悉的人、物体和身体部位的名称
- 开始理解所说的每句话，并且可以重复对话中听到的词甚至能更积极地回应
- 开始尝试将两个字词放在一起组成短句

1～2 岁宝宝情感和社交能力发育的特点

- 模仿是该年龄段宝宝学习过程的重要部分，如乐意模仿每天的家务活动
- 更加喜欢机械设备类玩具，如开关和按钮等
- 开始出现独立意识的增强，但仍无法理解某件事的因果关系、影响及后果

运动游戏对 1～2 岁宝宝的益处

1～2 岁宝宝不仅开始学会走路、尝试小跑，也开始逐渐养成自己的生活习惯和阅读兴趣。游戏不仅能培养这一阶段宝宝的认知力、意志力和创造力，还能让宝宝在游戏中更多地认识世界。

1. 推着盒子向前进

游戏目的

(1) 训练宝宝的运动技能——支撑下步行。

(2) 提高宝宝的立位平衡能力。

(3) 增强宝宝的四肢肌肉力量。

游戏内容

家长将一个可以推动的塑料盒置于地上，对宝宝说：“我们来一起推礼物盒。”让宝宝扶着盒子一边，家长扶着另一边，家长慢慢地把大盒子拉向自己，鼓励宝宝边推塑料盒边行走。

当宝宝熟悉动作后，家长对盒子施加阻力，增加宝宝前进的难度。

安全指导

(1) 应在室内或室外平整空旷的地面上进行游戏，避免场地过硬、过软或过滑。

(2) 不宜使用易损坏或过重的盒子，以防盒子损坏造成意外伤害。

(3) 家长一手推动箱子时，另一手需时刻保护宝宝，防止跌倒和磕碰。

2. 爬高高，摘玩具

游戏目的

（1）训练宝宝的运动技能——上下攀爬。

（2）提高宝宝身体协调性。

（3）帮助宝宝建立高低位置的概念和收纳习惯。

游戏内容

家长将玩具摆于沙发上，在地板上放置玩具收纳筐，引导宝宝踮脚站好，然后用双手够取玩具。

够取位置较远的玩具时，家长可以一边引导宝宝爬上沙发拿取玩具一边说：“爬高高，去上边。”

宝宝拿到玩具后，再引导其倒退爬下沙发，将玩具放进收纳筐。

安全指导

（1）家长应挑选适宜宝宝的安全玩具，避免选择过大、难抓握的玩具。

（2）应将家中五斗橱、书架等固定在墙上，以免宝宝攀爬时发生意外。

（3）建议在高度适宜的布艺沙发上进行游戏。

（4）家长应在游戏过程中保护好宝宝，避免宝宝跌倒。

3. 幸福拍手歌

游戏目的

(1) 训练宝宝的语言能力。

(2) 通过唱歌游戏培养宝宝的节律感。

(3) 提高宝宝的手眼协调能力。

游戏内容

家长与宝宝面对面坐于板凳上，家长一边唱儿歌“如果感到快乐你就拍拍手”，一边通过示范或手把手引导宝宝进行节奏性地拍手。

随着宝宝对游戏和音乐的熟悉，家长可以加快唱歌拍手的节奏，鼓励宝宝边唱边加快拍手速度；还可以变化拍手方式，从宝宝自己拍手转变为双手与家长击掌。

安全指导

当宝宝拍手时，应保持其坐于稳定、安全的平面上，避免宝宝因活动幅度过大而失去平衡，发生跌落等意外。

4. 小小读书郎

游戏目的

(1) 训练宝宝的运动技能——手指对捏和学习翻书。

(2) 促进宝宝的视觉、认知能力和注意力的发展。

(3) 激发宝宝的阅读兴趣。

游戏内容

家长与宝宝进行亲子阅读,家长引导宝宝尝试自己翻洞洞书。

刚开始时,宝宝会多页一起翻。家长可以向宝宝示范和讲解使用大拇指和食(示)指对捏方式,一页一页地翻书。每翻一页,为宝宝讲述该页的内容,通过互动激发宝宝阅读兴趣,同时逐渐用语言引导宝宝学习一页一页地翻书。

安全指导

(1) 家长应尽量于每日固定时间与宝宝进行亲子阅读,培养宝宝的专注力和耐心。

(2) 应选择绵软的布艺书,避免书页划伤宝宝。

5. 学分享，交朋友

游戏目的

（1）增强宝宝的沟通交往意识。

（2）促进宝宝语言的发展。

（3）培养宝宝的想象力。

游戏内容

家长拿出洋娃娃和宝宝打招呼，激发宝宝的兴趣。然后用语言鼓励宝宝与洋娃娃打招呼说“你好”，并做相应的手势。以洋娃娃的身份送给宝宝礼物，说：“这是送给你的。”教宝宝拿着礼物学说“谢谢”。

与娃娃交换礼物的环节结束后，可以让宝宝与其他家庭成员交换分享礼物。

平日里家长应多鼓励宝宝主动与别的宝宝打招呼，并互赠糖果、交换玩具，同时学习使用“谢谢”等礼貌用语。在对话结束时，引导宝宝说“再见”，并做相应的手势。

安全指导

（1）此游戏可由多位家庭成员参与。

（2）当宝宝不愿与人分享礼物时，家长之间可以先做示范，教宝宝体会与人分享是件快乐的事。

6. 小手指五官

游戏目的

(1) 训练宝宝的观察能力和手口一致说出身体各部位名称的能力。

(2) 促进宝宝的语言发展和节奏感。

(3) 提高宝宝手眼协调能力及反应能力。

游戏内容

家长准备儿歌"小手拍拍"的动画视频和一面镜子。家长和宝宝坐在一起，先对着镜子练习伸出食(示)指做"指一指"的动作，然后练习指一指眉毛、眼睛、鼻子、嘴巴、耳朵。家长可以故意拖长发音，让宝宝练习说简单的字，如"鼻子"的"鼻"、"嘴巴"的"巴"。

家长播放儿歌视频，带领宝宝跟随节奏练习"拍手""指"的动作。宝宝顺利跟上节奏后，可以加入指出自己五官的动作。

安全指导

(1) 应选取材料安全的镜子，以免镜子破碎伤害宝宝。

(2) 播放儿歌视频时，要保证宝宝与电子产品保持一定距离，以保护宝宝的眼睛。

7. 手指变变变

游戏目的

（1）训练宝宝的运动技能——指尖灵活性。

（2）提高宝宝的语言和手眼协调能力。

（3）促进宝宝的情感和社交能力发展。

游戏内容

家长边唱儿歌边做手指动作，引起宝宝的兴趣。然后带领宝宝学儿歌，逐渐配上相应的动作。

可选择与数字相关的任意儿歌，如儿歌《手指变变变》："一个手指头呀，变呀变呀变，变成毛毛虫呀，上爬爬，下爬爬，左爬爬，右爬爬。"

家长在唱儿歌时可以把数字以较慢的语速强调出来，让宝宝跟着念，还可以用手指故意在儿童身上怕痒的地方爬来爬去，增加趣味性。

安全指导

家长注意及时将指甲修剪干净，以免刮伤宝宝的皮肤。

8. 干净宝宝洗澡澡

游戏目的

(1) 训练宝宝的运动技能——协调身体各个部位。

(2) 提高宝宝的自理能力，增强其对洗澡步骤的认知能力。

(3) 培养宝宝保持勤洗澡的好习惯。

游戏内容

家长为宝宝准备毛巾、香皂和冲洗用具，让宝宝坐于浴盆中。

家长教宝宝打湿身体、涂抹香皂和冲洗。若宝宝每晚都洗澡，则可以在一周中挑选 2～3 天作为宝宝的“自己洗澡日”，由宝宝自己为自己打湿身体、涂抹香皂、搓揉泡泡、冲洗干净，家长在一旁引导和帮助。

多次练习，直到宝宝学会独自洗澡。

安全指导

(1) 在游戏过程中，家长需要全程陪同。

(2) 即使宝宝已经很熟悉游戏，家长也要在旁边保护，以防发生意外。

9. 一起吹泡泡

游戏目的

（1）训练宝宝的运动技能——跑跳。

（2）通过观察泡泡，训练宝宝观察远处物体的能力。

（3）提高宝宝的认知能力和心肺功能。

游戏内容

选择安全性高的儿童泡泡水。家长与宝宝面对面坐着，引导宝宝进行最大深吸气后慢慢呼出气体，轻轻吹起泡泡，可以配合口令“吸气，1、2，吹”。

随着泡泡的鼓起，家长给予宝宝鼓励，并告知宝宝这是大泡泡。

泡泡被吹出飘起后，家长可鼓励宝宝跳起或奔跑，尝试用手碰到泡泡。

安全指导

（1）应选择安全可食用级别的泡泡水，以免宝宝误吸或误食引起中毒等。

（2）宝宝奔跑、跳跃时，家长应谨防宝宝摔倒。

10. 牵起小车一起走

游戏目的

（1）训练宝宝的运动技能——辅助下倒退走。

（2）提高宝宝的身体稳定性和协调性。

（3）提高宝宝的观察、认知、空间感知和躯干控制等能力。

游戏内容

家长在玩具车上系一条长绳，示范通过拉绳子带动小车平稳向前移动。引导宝宝模仿家长的动作，拉起绳子平稳移动小车。

待宝宝熟悉动作后，引导宝宝边倒退边拉小车或者拉小车侧向移动。

安全指导

（1）应选择在室内或室外平整空旷的地面上进行游戏，避免场地过硬、过软或过滑。

（2）家长应在宝宝身旁保护，防止跌倒等意外发生。

11. 听口令，摸家具

游戏目的

（1）训练宝宝的运动技能——独立步行和方向转换。

（2）加强宝宝对不同家具的认知。

（3）帮助宝宝建立基本的方位和结构认知。

游戏内容

家长唱儿歌："小宝宝，一起动手摸一摸，真好玩，摸摸床（沙发、椅子……），再回来。"

唱完后，家长引导宝宝向指定方位走去，摸摸指定家具后回到家长身边，给予宝宝击掌鼓励后进行下一个方位的引导。

安全指导

（1）保证家中地面不要有障碍物，避免湿滑。

（2）家具的尖角应用保护贴贴好，家长尽量指定绵软的布艺家具让宝宝摸，避免宝宝磕碰受伤。

（3）对于刚具备独立步行能力的宝宝，家长指定方位的步行距离不应过远。

12. 击响小鼓跑一跑

游戏目的

(1) 训练宝宝的运动技能——步行和小步跑。

(2) 增强宝宝身体协调能力。

(3) 促进宝宝的观察能力和注意力。

游戏内容

家长在客厅放置一面小鼓，允许宝宝在家中自由走动。

家长敲响小鼓，指引宝宝听到鼓声后，小跑回到客厅并拿起鼓槌模仿家长敲响小鼓。

①

②

安全指导

(1) 此游戏需要由两位家长参与，一位家长负责敲响小鼓，另一位家长负责保护宝宝，以防跌倒。

(2) 家中地面不要有障碍物，避免湿滑。

(3) 家具的尖角应用保护贴贴好，避免宝宝磕碰受伤。

(4) 切忌鼓声过大惊吓到宝宝。

13. 我是小小演奏家

游戏目的

（1）训练宝宝对音乐节奏的感知能力。

（2）促进宝宝的听觉注意能力、语言能力和手眼协调能力发展。

（3）提高宝宝对上肢力量和运动速度的控制能力。

游戏内容

家长准备小木琴、小鼓、沙锤等乐器玩具。家长边玩乐器边模仿不同的乐器声音，如敲小木琴时模仿“叮”的声音，敲小鼓时模仿“咚”的声音。

随着敲击的节奏快慢、力度大小的变换，当乐器发出不同的声音时，家长提示宝宝“轻轻敲、重重敲、快快敲、慢慢敲”，鼓励宝宝跟随节奏发出不同的声音。

安全指导

（1）应选择安全、质量好的乐器玩具。

（2）敲击乐器前，应检查小木棍是否光滑无倒刺，以免划伤宝宝的手。

（3）注意不要让宝宝拿着小木棍乱挥，以免打到自己。

14. 绕过障碍跑圈圈

游戏目的

(1) 训练宝宝的运动技能——慢跑。

(2) 促进宝宝身体的动态稳定性。

(3) 提高宝宝在跑步中躲避障碍物和保持平衡的能力。

游戏内容

家长在地面画一个直径约 3 米的圆圈,并在圆圈线上放置玩具等作为障碍物,对宝宝说:“宝宝,绕着圆圈跑起来。”

家长引导宝宝由步行加速至小跑,同时引导宝宝避开或绕过障碍物。

安全指导

(1) 在游戏过程中,家长需保护宝宝,预防跌倒。

(2) 必要时,家长可先牵着宝宝的手,辅助进行游戏。

(3) 应选择质地绵软的玩具作为障碍物,避免宝宝踩到玩具滑倒。

15. 小小动物模仿秀

游戏目的

(1) 训练宝宝的运动技能——动作和语音模仿。

(2) 提高宝宝对不同动物特点的认知能力。

(3) 加强宝宝的躯干协调能力和稳定性。

游戏内容

家长准备小鸡、小鸭、小马、老虎等动物的图片。家长出示图片，同时模仿小动物的发音和动作，如模仿小鸡走路时，双手食(示)指紧贴于嘴边，然后发出“ji－ji－ji”的声音。重复几次，让宝宝模仿。

然后由家长模仿动作和声音，让宝宝指出或说出这是什么动物。也可鼓励由宝宝做动作，家长来猜动物。

安全指导

(1) 在游戏过程中，家长需要在宝宝身边保护，以防跌倒。

(2) 家中地面不要有障碍物，避免湿滑。

(3) 家具的尖角应用保护贴贴好，避免宝宝磕碰受伤。

16. 红灯停，绿灯行

游戏目的

（1）训练宝宝的运动技能——跑步的协调性和反应能力。

（2）提高宝宝跑与停的转换能力。

（3）增强宝宝的颜色识别能力，建立交通规则的概念。

游戏内容

家长准备红色、绿色卡片，与宝宝面对面站立，相距5米。

当家长在宝宝面前出示绿色卡片时，宝宝可以向前跑步，出示红色卡片时，宝宝要停止跑步。指导宝宝按照家长的提示，重复上述活动。

平时外出遇到红绿灯时，家长及时向宝宝示范绿灯时可以步行通过斑马线，红灯时需要停止等待，帮助宝宝建立良好的交通规则概念。

安全指导

（1）尽量在平整空旷的地面进行游戏，避免场地过硬、过软或过滑。

（2）对于刚开始学习跑步的宝宝来说，突然急停可能会引起躯干重心不稳，此时家长可引导宝宝蹲下，降低身体重心以保持平衡。

17. 逛超市，认物品

游戏目的

(1) 训练宝宝对物品的认知和命名能力。

(2) 提高宝宝的走与停的稳定性和踮脚的能力。

(3) 激发宝宝对新鲜事物的好奇心。

游戏内容

家长带宝宝到超市，鼓励宝宝独立步行。当宝宝被货架上的物品吸引时，家长及时告诉宝宝物品的名称，并鼓励宝宝复述。

待宝宝熟悉游戏和环境后，家长可以加上指令，如“往前走”“停下来”等。宝宝停下来后，家长询问宝宝旁边的物品是什么，如果宝宝回答正确，及时给予赞扬。

如果宝宝对于较高货架上的物品感兴趣，可以鼓励宝宝通过踮脚的动作够取物品。

安全指导

(1) 应选择人流量相对少的超市，家长全程陪同。

(2) 不要让宝宝拿危险品，如玻璃制品，以防发生意外。

18. 我是灌篮小高手

游戏目的

(1) 训练宝宝的运动技能——有方向地抛球。

(2) 建立宝宝的数字和空间位置概念,促进宝宝视觉发育。

(3) 提高宝宝上肢肌肉力量和身体平衡性。

游戏内容

家长将一顶帽子倒置于椅子上,引导宝宝将小球扔进帽子里。

家长示范用一只手握住小球,向后上方举起,喊出口令"1、2、3,扔",同时将小球扔进帽子中。

待宝宝熟悉游戏后,可以通过增加帽子与宝宝的距离或高度来提高难度。

安全指导

(1) 应在平整空旷的地面进行游戏,避免场地过硬、过软或过滑。

(2) 家长应调整好帽子与宝宝的距离,不应过远或过近。

19. 采蘑菇的小朋友

游戏目的

（1）训练宝宝的运动技能——蹲下拾物。

（2）提高宝宝下肢肌肉力量、身体稳定性和手指对捏能力。

（3）培养宝宝解决问题的能力。

游戏内容

家长准备一个小提篮，将彩色硬纸板剪成蘑菇形状，将“蘑菇”摆在地上。然后指着不远处的玩具小兔，对宝宝说：“小兔子饿了，宝宝可以给小兔子采一些蘑菇吗？”

家长将小提篮交给宝宝，引导宝宝通过步行、站立、下蹲等动作拾起所有“蘑菇”并装进小提篮后返回玩具小兔处。

安全指导

（1）应在平整空旷的地面进行游戏，避免场地过硬、过软或过滑。

（2）对于刚具备独立步行能力的宝宝，“蘑菇”间的摆放距离不宜过大。

（3）家长要在宝宝身旁保护，防止其跌倒。

20. 学会扔垃圾

游戏目的

(1) 训练宝宝的运动技能——弯腰拾物和手眼协调。

(2) 促进宝宝认知能力的发展。

(3) 培养宝宝不乱扔垃圾的好习惯。

游戏内容

家长告诉宝宝垃圾桶的位置，并告诉宝宝不需要的东西可以扔进垃圾桶。

当宝宝有不需要的东西时，鼓励宝宝自己将垃圾扔进垃圾桶。

最初，家长可以带领宝宝一起去扔垃圾。待宝宝熟悉游戏后，鼓励宝宝自己去扔垃圾甚至帮助大人扔垃圾。

安全指导

(1) 宝宝扔垃圾时，家长应陪同，以防宝宝将垃圾桶中已丢弃的废物拿出。

(2) 进行游戏前应清空周围物品，以防宝宝摔倒。

21. 学做扫地小能手

游戏目的

（1）训练宝宝的运动技能——模仿做家务和双手协作。

（2）提高宝宝的手眼协调和手的抓握能力。

（3）教会宝宝扫帚和簸箕的用法，培养爱干净的好习惯，提高宝宝生活自理能力。

游戏内容

家长准备一套儿童版迷你小扫把和簸箕，同时准备一些废纸团放在地板上，示范将废纸团扫在一起，最后扫进簸箕。宝宝感兴趣后，鼓励宝宝一起参与。

最初，家长可以帮助宝宝一起握着扫把将废纸团扫在一起，待宝宝熟悉后，家长减少辅助，鼓励宝宝自己完成；如果地上的废纸团太零散，难以扫进簸箕，可以让宝宝尝试用拇指和食（示）指捡起废纸团，放进簸箕。

安全指导

（1）应选取安全可靠的小扫把和簸箕，以防发生意外。

（2）在游戏过程中，家长应全程陪同。

（3）游戏结束后，应立刻将工具和废纸团整理好，以防宝宝发生跌倒等意外。

22. 弯下腰来揭贴纸

游戏目的

(1) 训练宝宝的运动技能——躯干核心力量和单足支撑。

(2) 锻炼宝宝的手眼协调能力。

(3) 增强宝宝对自我身体部位的认知能力。

游戏内容

家长在宝宝的每个脚趾贴上小贴纸，引导宝宝弯腰揭下贴纸。可以引导宝宝把一只脚放在矮凳或楼梯台阶上，弯腰揭贴纸。

宝宝双脚交替上台阶并揭下贴纸时，家长需在宝宝身后协助，可用双手轻压宝宝的膝盖做好稳定保护。

安全指导

(1) 矮凳、楼梯台阶、地面等应避免湿滑，防止宝宝滑倒。

(2) 在游戏过程中，家长要在宝宝身后保护，避免宝宝失稳跌倒。

23. 双人双脚走

游戏目的

（1）训练宝宝的运动技能——立位平衡。

（2）增强宝宝身体协调能力和稳定性。

（3）促进宝宝节律感和足底的本体感觉发展。

游戏内容

家长引导宝宝站在家长的两脚上，由家长带着宝宝慢慢转圈、向前走、向后退，或走“S”形曲线，家长边走边喊“1、2、1”的口令。

待宝宝熟悉口令和动作后，家长可以尝试和宝宝一同跨越障碍物。

安全指导

（1）应在平整空旷的地面进行游戏，避免场地过硬、过软或过滑。

（2）避免暴力牵拉宝宝双手造成上肢关节损伤。

（3）引导宝宝尝试跨越障碍物时，障碍物的高度不宜过高，避免宝宝因双脚抬不高而跌倒。

24. 灵活宝宝兔子跳

游戏目的

（1）训练宝宝的运动技能——双脚起跳。

（2）增强宝宝的下肢肌肉力量和躯干协调性。

（3）帮助宝宝建立位置高低的概念。

游戏内容

家长拉着宝宝的小手，引导宝宝站在楼梯最后一节台阶上，台阶的高度为10～20厘米。

家长说口令："1、2、3，跳！"鼓励宝宝往下跳。另外需注意，家长在向宝宝示范向下跳动作时，膝盖需微弯。

安全指导

（1）注意台阶不能湿滑。

（2）在游戏过程中，家长要保护宝宝避免跌倒。

（3）跳跃时，宝宝会有恐惧心理，家长应用语言鼓励。

（4）切忌暴力牵拉宝宝双手，以免造成上肢关节损伤。

25. 追到气球拍一拍

游戏目的

(1) 训练宝宝的运动技能——独立步行和慢跑。

(2) 增强宝宝动作的协调性。

(3) 促进宝宝对物品大小、数量的认知能力。

游戏内容

家长准备小气球数个，在每个气球上标明数字，并将球系在自己胳膊上或腿上。

家长在宝宝前方走动，引导宝宝通过步行、踮脚、小跑追到并拍打家长身上的气球。每当宝宝拍到气球时，家长告知宝宝气球上对应的数字。

安全指导

(1) 应在平整空旷的地面进行游戏，避免场地过硬、过软或过滑。

(2) 家长不要将气球吹得过大，避免宝宝拍气球时引起爆破。

(3) 在游戏过程中，家长要保护宝宝，避免跌倒。

26. 投篮接力赛

游戏目的

(1) 训练宝宝的运动技能——跳跃和抛球。

(2) 提高宝宝的语言理解能力和空间认知能力。

(3) 建立亲密和谐的亲子关系。

游戏内容

家长准备小篮筐和一个小球。一位家长将球传给宝宝，另一位家长扶住宝宝腋下，在宝宝弹跳的同时将宝宝抱起来，引导宝宝将球放入小篮筐，完成一个完整的“投篮”动作。

如果篮筐高度较低，可以鼓励宝宝通过踮脚自己完成投篮动作。

安全指导

(1) 应在空旷的地面进行游戏，避免场地过硬、过软或过滑。

(2) 注意游戏时周围环境的安全。

27. 互动抛接小皮球

游戏目的

(1) 训练宝宝的运动技能——跳跃和抛接球。

(2) 增强宝宝下肢肌肉力量和手眼协调能力。

(3) 提高宝宝的立位平衡能力和步行稳定性。

游戏内容

家长与宝宝面对面站立，家长向空中抛出小皮球，让宝宝接住，并用语言引导宝宝将球抛回。对于站立稳定性好或能完成双脚跳的宝宝，家长可引导宝宝通过踮脚或跳起接住球，并将球抛出。家长与宝宝互动在空中抛接球时，尽可能使球不落地，完成更多回合。

安全指导

(1) 应选择重量较小、大小合适、完好无损坏的小皮球。

(2) 应在平整空旷的地面进行游戏，避免场地过硬、过软或过滑。

(3) 在宝宝移动的过程中，家长应做好保护，避免宝宝跌倒。

28. 踢皮球，击瓶子

游戏目的

（1）训练宝宝的运动技能——单脚站和踢球。

（2）提高宝宝身体的协调性。

（3）培养宝宝对球类运动的兴趣。

游戏内容

家长将饮料瓶排成一排，然后引导宝宝通过踢皮球击倒瓶子。

在宝宝开始游戏前，家长先进行示范。待宝宝熟悉游戏动作后，家长可将瓶子的位置向后移动，增加游戏难度。

安全指导

（1）应在平整空旷的地面进行游戏，避免场地过硬、过软或过滑。

（2）家长应调整好瓶子与宝宝的距离，不宜过远或过近。

29. 跨过小河接小鸭

游戏目的

（1）训练宝宝的运动技能——跨越障碍和侧向走。

（2）提高宝宝的身体协调能力。

（3）促进宝宝对水深浅的感知能力。

游戏内容

家长准备 4 个盆和 1 个玩具鸭。家长将盆排成一排，在最后的盆里放一个玩具鸭，不同的盆里面放入不同深度的水。

让宝宝站在第一个盆中，从第一个盆开始侧向行走，慢慢走到最后一个盆中，并在最后一个盆里蹲下拿起小鸭子，引导宝宝感受每盆水的不同深度。

安全指导

（1）应在平整空旷的地面进行游戏，避免场地过硬、过软或过滑。

（2）盆底切忌过滑，必要时应帮助宝宝保持平衡。

（3）在游戏过程中，家长要在宝宝身旁保护，避免宝宝滑倒。

30. 耐心宝宝学穿鞋

游戏目的

（1）训练宝宝的运动技能——穿鞋。

（2）促进宝宝的手眼协调能力。

（3）培养宝宝的耐心和自我照料的好习惯。

游戏内容

家长准备一双宽松的鞋，先示范替宝宝穿一只鞋，然后将另一只鞋交给宝宝，鼓励宝宝自己完成穿鞋。

最初，家长可以给予较多辅助，随着宝宝越来越熟练，可以鼓励宝宝完全独立穿鞋。宝宝自行穿鞋时，家长要指导宝宝注意区分左和右。

宝宝学会穿鞋后，可以鼓励宝宝学习自己穿简单的衣服和裤子。宝宝每次成功后，家长要及时给予鼓励并让宝宝逐步养成习惯。

安全指导

（1）宝宝开始学习穿鞋时，家长要给予辅助，以防宝宝因为难度过高而产生挫败感。

（2）宝宝穿好鞋后，家长需要检查确认，以防宝宝因没有正确穿鞋而摔倒。

Part 3

适合 2～3 岁宝宝的运动游戏

2～3 岁的宝宝生长发育速度较前慢些，活动能力进一步加强，总是不停地跑、踢、跳、蹬，且具有足够的协调能力以同时完成两个动作。家长应尽量提供安全、宽敞的场地引导宝宝活动，不要限制宝宝运动的天性。在保证安全的前提下，鼓励宝宝蹦跳、攀爬、投掷、捕捉、用手推车等，帮助宝宝发展符合年龄的身体活动技能。

2～3 岁的宝宝每天需要 10～13 小时的高质量睡眠。每天至少间断进行 180 分钟室内外交替的游戏活动，其中大运动为主的活动不少于 60 分钟，但不推荐进行竞技运动。保证每次保持坐姿时间＜30 分钟，每天久坐时间＜1 小时，每天“屏幕时间”＜1 小时，越少越好。

适合 2～3 岁宝宝的玩具：可旋转开盖的小瓶子、绘本、形状和颜色各异的积木、画板和画笔、涂色卡和安全颜料、手指偶、瑜伽球、滑板车、小皮球、有轮子可拉动的小车或玩具等。

2～3 岁宝宝运动发育的特点

- 身体协调性进一步发展，出现上肢交替运动、肩与骨盆的分离运动
- 走路时两脚间足距变窄，可迈大步、有节律地跑步
- 出现以脚掌着地为主的走与跑步，可踮脚走或用足跟走
- 可并足跳远 40～60 厘米，会双脚交替攀爬楼梯，能蹲跳、单脚跳和踢球
- 精细动作进一步发展，可旋转瓶盖、穿小珠子、翻一页书、捡起小物品等
- 握笔接近笔尖，可用手指的活动控制笔的运动
- 会折纸，能模仿画圆和十字，会向杯中倒水
- 能做简单的穿衣动作，会拉上和拉开外衣的拉链、系纽扣、脱鞋袜

2～3 岁宝宝视觉发育的特点

- 双眼视觉发育最为旺盛，3 岁宝宝的视力为 0.5～0.6
- 能识别颜色和简单的饱和度
- 能区别简单的形状，如圆形、三角形、方形
- 认识稍复杂的形状，如菱形、椭圆形

2～3 岁宝宝听觉及言语发育的特点

- 能够按照成人指令调节自己的行为
- 能掌握大概 1 100 个词汇，开始出现语言意识，能自觉模仿正确的发音，并自觉纠正错误发音
- 开始进入“电报句”阶段，虽然较单字句明确，但其形式是断续、简略、不完整的
- 开始使用一定数量的简单修饰语，如“奶奶在做操”
- 开始使用一些复合句，多用并列复合句，如“爸爸写字，妈妈看书”等
- 开始使用较复杂的名词性结构“的”字句和“把”字句，如“这是我玩的玩具”
- 开始使用“为什么”提问，使用代表性空间词(里、上、下)

2～3 岁宝宝情感和社交能力发育的特点

- 开始自己选择玩伴，玩耍较前期长，暂时还不愿分享
- 自我意识不断建立和发展，能表达自己的需求和意向
- 开始理解礼貌用语，能说出自己的名字
- 能将自己置于他人的位置，理解和猜测不安的来源，会说“他哭了”
- 与母亲分离会产生焦虑情绪，可通过学习、适应生活、发展与玩伴或老师的相互关系逐渐克服这种焦虑
- 能同时体验和发展多种情绪和心理

运动游戏对 2～3 岁宝宝的益处

2～3 岁的宝宝想象力发展迅速，对周围世界的探索欲非常强烈。这个阶段的游戏除了可以帮助宝宝加强运动协调能力、肌肉力量和手眼协调能力外，还可以锻炼宝宝的自主能力、记忆力、逻辑思维能力等，帮助宝宝的身体和大脑充分发育。

1. 黄豆红豆分开拣

游戏目的

(1) 训练宝宝的运动技能——拣小物。

(2) 提高宝宝对色彩的识别,促进宝宝视觉发育。

(3) 训练宝宝的专注力、对大小和数量的认知能力。

游戏内容

家长准备一个盒子和两个瓶子,将混合的黄豆和红豆放在盒子中,引导宝宝用手在盒子里拣出一颗黄豆放到一个小瓶子里,拣出一颗红豆放到另一个瓶子里。然后鼓励宝宝将大盒子里的黄豆和红豆全部分拣到相应的瓶子里。

安全指导

家长应在宝宝旁边指导,避免宝宝误食豆子。

2. 瓶子瓶盖配配对

游戏目的

(1) 训练宝宝的运动技能——旋转瓶盖。

(2) 提高宝宝的颜色认知能力,促进宝宝视觉发育。

(3) 培养宝宝的耐心,促进逻辑思维能力发展。

游戏内容

家长准备不同颜色、不同大小的瓶盖和瓶子,引导宝宝找出相对应的瓶盖和瓶子,同时唱儿歌“找呀找呀找朋友,找到一个好朋友”,引导宝宝为瓶子拧上对应的瓶盖。

安全指导

注意瓶盖的边缘是否平整,避免划伤宝宝。

3. 聪明宝宝学读书

游戏目的

（1）训练宝宝的运动技能——翻一页书。

（2）提高宝宝的语言理解和表达能力。

（3）培养宝宝的阅读习惯。

游戏内容

家长准备一本以日常生活为主题的绘本，声情并茂地为故事中的不同人物进行配音，结合一些夸张的动作吸引宝宝的注意力。

可每日固定一个时间段进行阅读，阅读过程中引导宝宝使用大拇指和食（示）指对捏的方法翻书，鼓励宝宝一起来配音和模仿动作。

阅读的同时，可以突然针对刚才念过的内容对宝宝进行提问，如果宝宝答对了，则及时给予口头或食物奖励。

安全指导

（1）选择纸张质量好、色彩清晰的绘本。

（2）耐心选择宝宝感兴趣的绘本（绘本的绘画风格多种多样，有时可能需要多次尝试才能选中宝宝感兴趣的绘本）。

（3）家长在家中应少看手机、多看书，为宝宝做榜样。

4. 先画后摸认形状

游戏目的

（1）训练宝宝的运动技能——握笔和画形状。

（2）促进宝宝对形状的感知和视觉辨别能力，区别简单的形状，认识稍复杂的形状。

（3）提高宝宝的语言理解和表达能力。

游戏内容

家长准备彩笔、白纸、一个黑布袋、各种形状的积木。

家长出示积木，向宝宝描述各种形状的特征，然后拿出笔和纸，手把手教宝宝在纸上画出不同的形状。

之后家长将积木放进黑布袋里，让宝宝伸进去触摸并说出积木的形状。

最后可以引导宝宝说一说生活中还有什么东西是这种形状。

安全指导

（1）应使用安全可水洗的彩笔。

（2）如果没有黑布袋，也可以让宝宝闭上眼睛触摸，或者将积木放在深色衣服口袋里触摸。

5. 神奇颜色调出来

游戏目的

(1) 训练宝宝的运动技能——握笔和点画。

(2) 提高宝宝对三原色、复合色和颜色饱和度的认识,促进视觉发育。

(3) 培养宝宝的数数能力和记忆力。

游戏内容

家长准备颜料(红色、黄色和蓝色)、一只调色笔、一个调色盘或几个一次性杯子、一张白纸和一张可以涂色的图画纸。

首先,家长出示三种颜色的颜料,请宝宝观察并说出颜色的名称。

然后,家长告诉宝宝:“今天我们是小小魔法师,一起变魔术!”家长分别演示混合三种颜料,同时说:“看!黄色加蓝色变成绿色。”让宝宝观察颜色的变化,同时模仿表达颜色是如何变化的。可以让宝宝自己动手尝试调色,将调好的颜色涂在白纸上,数一数调了多少种颜色出来。可以让宝宝用自己配出的颜色来涂色,注意涂色过程中提示宝宝尽量不要超出线条的范围。

最后,让宝宝回忆游戏过程,并说一说图画上的某一种颜色是用哪几种颜色调出来的。

安全指导

(1) 应使用安全无毒的颜料,避免宝宝误食引起中毒。

(2) 建议游戏开始前换上旧衣服,在进行游戏的地方铺上报纸或其他遮盖物,以防颜料打翻形成难以清洗的污渍。

6. 你说我涂开心画

游戏目的

(1) 训练宝宝的运动技能——握笔。

(2) 培养宝宝积极倾听的能力，学会在沟通互动时选择有用的信息。

(3) 学习身体部位、颜色、方位词、时间名词等不同的内容，促进视觉发育。

游戏内容

家长准备两张一模一样的图画、两盒同样颜色的彩笔。

首先，家长教会宝宝学习手指握笔的动作。待宝宝适应握笔动作后，家长和宝宝分别坐在桌子的两头，由一方指示另一方在图画上涂颜色。例如：“我要把小猫的身体涂上红色，尾巴涂上黄色，脚涂上黑色。你涂好了吗？涂好了就轮到你来说了。”

完成一张图画后，家长可比较两人的图画上所涂的颜色是否一样。

安全指导

(1) 应使用安全可水洗的彩笔。

(2) 宝宝容易把颜料涂在手上，注意游戏结束后及时清洗。

(3) 不能独立完成涂色任务的宝宝可在另一位家长的陪同协助下进行游戏。

7. 我是娃娃的好朋友

游戏目的

(1) 训练宝宝对身体部位的指认和命名能力。

(2) 提高宝宝的手眼协调能力。

(3) 培养宝宝的生活自理能力。

游戏内容

家长准备一个小娃娃，让宝宝按照家长的提示，指认出娃娃的身体部位，如鼻子、眼睛、肩膀、小手、指甲等。

待宝宝指认熟练后，家长可引导宝宝为娃娃穿衣、梳头，必要时家长可先进行示范。

安全指导

(1) 应选择大小适宜的娃娃。

(2) 鼓励宝宝主动参与游戏。

8. 整整齐齐我最棒

游戏目的

(1) 训练宝宝运动技能——模仿和穿衣。

(2) 提高宝宝手眼协调和生活自理能力。

(3) 增强宝宝对身体部位和镜像动作的认知。

游戏内容

家长与宝宝并排站立于梳妆镜前，使宝宝能在镜子中看见家长的动作和自己的动作。

家长先进行动作示范，边示范边说："我们一起来整理！衣领、袖子和底边，还有裤子和裤脚。整整齐齐我最棒！"

家长引导宝宝进行动作模仿，当宝宝整理好自己的衣服时，及时给予宝宝鼓励。

安全指导

(1) 确保梳妆镜的牢固和安全。

(2) 鼓励宝宝主动参与游戏。

9. 可爱动物点点头

游戏目的

（1）训练宝宝运动技能——手指精细活动和灵活性。

（2）提高宝宝对动物名称的命名能力。

（3）建立亲密和谐的亲子关系。

游戏内容

家长在游戏前准备好小动物手指偶，将小猫、小兔、小鹿、小狗、青蛙的手指偶分别套在宝宝的拇指、食（示）指、中指、无名指（环指）、小指上。

家长引导宝宝伸出戴有手指偶的手，一边说“小狗小狗见面点点头，汪汪汪”，一边引导宝宝动动无名指（环指），模仿点头动作。

用同样的方法，依次引导宝宝动动其他的手指。

安全指导

（1）避免宝宝在游戏过程中误食手指偶。

（2）游戏活动可根据宝宝的实际情况分几次完成，如第一次可以只戴两个小动物，待宝宝熟练后再增加指偶数。

10. 听声音，识物品

游戏目的

（1）训练宝宝的听觉辨识能力。

（2）促进宝宝的物品认知能力。

（3）提高宝宝的注意力。

游戏内容

家长和宝宝一起把铃铛、豆子、小球、小木棍等分别放入不同的易拉罐内，用黑色胶带封口，使得从易拉罐外部观看不到里面的物体是什么。

家长将易拉罐并排放置于桌面，引导宝宝摇一摇，听一听发出的声音，根据声音辨别出易拉罐中的物品，再让宝宝撕开胶带倒出来看看是否正确。

安全指导

（1）避免宝宝误食物品。

（2）在游戏过程中，应营造安静的环境，便于宝宝分辨声音。

11. 玩具救援大行动

游戏目的

(1) 训练宝宝的运动技能——踮脚走。

(2) 增强宝宝的下肢肌肉力量。

(3) 加强宝宝四肢与躯干的协调性。

游戏内容

家长准备一个小箱子，在距离箱子5米处放置4个毛绒玩具。

家长对宝宝说："要下雨了，毛绒玩具很怕被淋湿，我们快送它们回家吧。"然后引导宝宝拿起毛绒玩具，双手将玩具举过头顶，踮起脚尖一步一步走向箱子，然后下蹲将玩具轻轻放入箱中。

安全指导

(1) 应在平整空旷的地面进行游戏，避免场地过硬、过软或过滑。

(2) 家长应在宝宝身旁保护，防止意外跌倒。

(3) 在游戏过程中，可使宝宝稍作歇息，不必全程用脚尖步行。

12. 气球运动赛

游戏目的

（1）训练宝宝的运动技能——肩与骨盆的分离运动。

（2）提高宝宝的站立平衡能力。

（3）提高宝宝的手眼协调能力。

游戏内容

家长准备一个气球。家长和宝宝分别站在床的两侧，各拿一个小枕头。

家长先演示：将气球放在床上，拿着枕头拍打床面，通过床的振动和拍起的风，让气球移动到宝宝的那一侧。

然后让宝宝通过拍枕头，让球移到家长这一侧。

安全指导

（1）选择的枕头不宜过大，气球不宜充气过满。

（2）在进行游戏前，家长应先清理干净枕头和床面的尘螨。

13. 沙发蹦蹦跳

游戏目的

（1）训练宝宝的运动技能——跳跃。

（2）增强宝宝的下肢肌肉力量。

（3）促进宝宝的身体协调性。

游戏内容

宝宝站在沙发上，和家长面对面。家长用两只手分别扶住宝宝的腋下，将宝宝高高地举上去再轻轻落下。然后让宝宝双腿弯曲、再蹬直，家长帮助宝宝重复此动作。

随着宝宝对动作的熟练掌握，家长逐渐减少帮助，最终使宝宝可扶着沙发独立进行跳跃。

安全指导

（1）在进行游戏前，家长应先清理干净沙发上的尘螨。

（2）宝宝独自跳跃时，家长应在宝宝身旁保护，防止跌倒或扭伤。

14. 瑜伽球，滚起来

游戏目的

(1) 刺激宝宝的前庭功能发育。

(2) 提高宝宝躯干协调能力和核心稳定性。

(3) 提高宝宝的空间认知能力。

游戏内容

家长准备一个直径50厘米的瑜伽球。让宝宝俯卧在瑜伽球上，家长在后方抓着宝宝的脚，身体紧密地贴着瑜伽球，防止宝宝滑下去。

在瑜伽球前方放置一个玩具，家长带动球向前滚动，引导宝宝向前探身够取玩具。

安全指导

(1) 应在平整空旷的地面进行游戏。

(2) 家长应保护好宝宝，避免跌落。

(3) 向前推动球的力度应适度，速度不宜过快。

15. 搬运海洋球

游戏目的

（1）训练宝宝的运动技能——侧向走稳定性。

（2）提高宝宝活动时的平衡能力和协调能力。

（3）增强宝宝的专注力和听指令的能力。

游戏内容

家长准备一个计时器、一个小桶、若干个海洋球和一张报纸。

游戏开始后，家长将报纸平铺在桌面上，按下计时器倒计时 2 分钟，家长和宝宝一起将海洋球从抽屉中拿出，放在报纸上。两人分别拿着报纸的两边，小心地用报纸将海洋球运至对面的小桶中，重复此游戏活动。

2 分钟结束后，宝宝同家长一起数一数一共搬运了多少个海洋球。

①

②

安全指导

（1）应在平整空旷的地面进行游戏，避免场地过硬、过软或过滑。

（2）避免在风大的环境中进行游戏。

16. 瞄准进球大作战

游戏目的

(1) 训练宝宝的运动技能——抛球。

(2) 提高宝宝上肢运动能力和手眼协调能力。

游戏内容

家长准备数个球、一个大箱子或篮子。家长先向宝宝示范动作：站在离箱子或篮子 2 米远处，把球扔到盒子中。

家长对宝宝说“把球丢高高”，引导宝宝尽量独自将球抛高，并扔到箱子或篮子里。

安全指导

(1) 应在平整空旷的地面进行游戏，避免场地过硬、过软或过滑。

(2) 家长要在宝宝身旁指导和保护，避免宝宝意外跌倒。

17. 对面的小球接过来

游戏目的

（1）训练宝宝的运动技能——抛接球。

（2）加强宝宝躯干的稳定性和协调性。

（3）促进宝宝对距离长短的认知。

游戏内容

家长准备一个玩具球。家长和宝宝面对面站立，家长把球投给宝宝，让宝宝尝试接住后，再将球抛回给家长，重复此动作。

待宝宝熟练后，适当增加宝宝与家长之间的距离，提高游戏难度。

安全指导

（1）应在平整空旷的地面进行游戏，避免场地过硬、过软或过滑。

（2）家长抛球给宝宝时需注意力度，避免将球直接砸向宝宝身体。

18. 跟上节奏齐步走

游戏目的

（1）训练宝宝的运动技能——踏步。

（2）提高宝宝的身体协调能力。

（3）增强宝宝的节奏感。

游戏内容

家长和宝宝面对面站立，家长敲响小手鼓，引导宝宝跟着鼓点的节奏，摆开双臂大步向前走，要求向前走时尽力抬高脚。

家长可以变换鼓点的节奏，忽快忽慢，提高游戏难度。

安全指导

（1）应在室内或室外平整空旷的地面进行游戏，避免场地过硬、过软或过滑。

（2）家长要在宝宝身旁保护，防止宝宝跌倒或扭伤。

19. 把住方向向前冲

游戏目的

（1）训练宝宝运动技能——身体协调性。

（2）促进宝宝手眼协调能力。

（3）增强宝宝的平衡能力。

游戏内容

家长准备一辆幼儿滑板车，引导宝宝双手握住滑板车的把手，一脚置于踏板上，一脚置于地面向后蹬出，使滑板车向前滑行。

宝宝熟练后，可鼓励其尝试自行调整滑板车的行进方向，增加游戏难度。

安全指导

（1）应在平整空旷的地面进行游戏。

（2）家长要在宝宝身旁保护，防止宝宝跌倒或扭伤。

（3）必要时家长可帮助宝宝掌握行车方向。

20. 青蛙蹲蹲跳

游戏目的

（1）训练宝宝的运动技能——向前跳和蹲跳。

（2）增强宝宝的下肢爆发力。

（3）提高宝宝的平衡能力。

游戏内容

家长用红色的宽胶带在地板上贴出两条平行线，两线间距离 2 米。

家长向宝宝示范青蛙蹲蹲跳。然后将宝宝喜欢的玩具放在平行线上的另一端，引导宝宝模仿动作，进行下蹲后起跳，直至跳到玩具处。

在宝宝跳过终点线后，家长及时给予奖励。

安全指导

（1）应在平整空旷的地面进行游戏，避免场地过硬、过软或过滑。

（2）家长应在宝宝身旁指导和保护，避免宝宝意外跌倒或扭伤。

21. 小脚跨进来

游戏目的

(1) 训练宝宝的运动技能——跨越障碍物。

(2) 促进宝宝身体协调和平衡能力。

(3) 提高宝宝单脚支撑能力。

游戏内容

家长准备好呼啦圈，拿着呼啦圈站在宝宝面前，引导宝宝先独立抬起一只脚跨入圈中，随后再跨入另一只脚，待宝宝站稳后再双脚依次跨出呼啦圈。

待宝宝熟悉游戏后，家长可抬高呼啦圈的高度，加大游戏难度。

安全指导

(1) 应在平整空旷的地面进行游戏，避免场地过硬、过软或过滑。

(2) 要根据宝宝的实际能力设置呼啦圈的高度。

(3) 家长在游戏过程中注意保护，预防宝宝跌倒。

22. 小小登山运动员

游戏目的

(1) 训练宝宝的运动技能——交替上下楼梯。

(2) 提高宝宝身体协调能力和下肢肌肉力量。

(3) 帮助宝宝建立自信心。

游戏内容

家长告诉宝宝:“宝宝,我们一起做勇敢的登山运动员吧!”然后和宝宝一起爬楼梯,从第一阶楼梯出发,终点为一层楼的平台处。

家长引导宝宝运用交替步方式爬上楼梯。

爬下楼梯时,家长应在宝宝前方,引导宝宝身体重心稍向前。

安全指导

(1) 保持楼梯干燥、平整,避免楼梯上有杂物阻挡通道。

(2) 宝宝在上楼梯过程中,家长应在宝宝身旁保护,预防宝宝跌倒。

23. 解救小兔子

游戏目的

（1）训练宝宝的运动技能——走上楼梯。

（2）提高宝宝的双下肢肌肉力量和身体协调性。

（3）提高宝宝的语言能力。

游戏内容

家长在楼梯最高处放置小兔子的玩具，引导宝宝自己扶着栏杆走上楼梯，解救小兔子。此时，家长站在宝宝的旁边或身后，唱儿歌："小兔子，爬楼梯，吃萝卜，下不来！宝宝勇敢走上去，兔子兔子救下来！"

待宝宝熟悉游戏后，家长鼓励宝宝尝试不扶栏杆上楼梯。

安全指导

（1）保持楼梯干燥、平整，避免楼梯上有杂物阻挡通道。

（2）宝宝在上楼梯过程中，家长应在宝宝身旁保护，预防宝宝跌倒。

24. 金鸡独立

游戏目的

(1) 训练宝宝的运动技能——单脚站。

(2) 增强宝宝下肢肌肉力量。

(3) 建立宝宝的认数和时间概念。

游戏内容

家长与宝宝面对面站立,引导宝宝抬起一只脚并悬空约5秒,然后放下,再换另一只脚抬起。

在抬脚过程中,家长用语言引导宝宝,如:"金鸡独立开始——抬腿,放下。"

随着宝宝动作的逐渐熟练,鼓励宝宝自己数抬腿时间,坚持越久越好。

安全指导

(1) 应在平整的地面进行游戏,避免场地过硬、过软或过滑。

(2) 保证椅子安全牢固。

(3) 家长应在宝宝身旁保护,预防宝宝跌倒。

25. 小马过桥

游戏目的

（1）训练宝宝的步行运动技能——走直线。

（2）提高宝宝的平衡能力和躯干稳定性。

（3）提高宝宝的空间认知能力。

游戏内容

家长在地面上用宽胶带粘出一条长 2 米、宽 10 厘米的直线，在直线两边放上小鱼、小虾等玩具。

家长告诉宝宝："你是一匹小白马，直线是一座小桥，我们需要沿着小桥走到对面，不要踩出小桥，以免小鱼受伤哦。"然后引导宝宝每一步都踩在直线上。

必要时，家长可以用一只手搀扶宝宝"过桥"。

安全指导

（1）应在平整空旷的地面进行游戏。

（2）家长应在宝宝身旁指导和保护，以防宝宝意外跌倒。

26. 倒车请注意

游戏目的

(1) 训练宝宝的运动技能——倒退行走。

(2) 提高宝宝步行稳定性和身体协调能力。

(3) 促进宝宝对空间方位的认知。

游戏内容

家长准备一个能发声的玩具车，在车上系一条约 50 厘米长的绳子，让宝宝拉着小车倒退行走。

家长在宝宝身后用言语提示宝宝："倒车请注意！倒车请注意！"

待宝宝熟悉游戏后，家长可以引导宝宝拉着玩具车绕过障碍物进行倒退走。

安全指导

(1) 应在平整空旷的地面进行游戏，避免场地过硬、过软或过滑。

(2) 在倒退步行的过程中，家长应在宝宝身后保护，以防宝宝失稳跌倒。

27. 小兔子去买菜

游戏目的

(1) 训练宝宝对水果蔬菜的命名和归类能力。

(2) 提高宝宝的跳跃能力。

(3) 增加宝宝的生活常识。

游戏内容

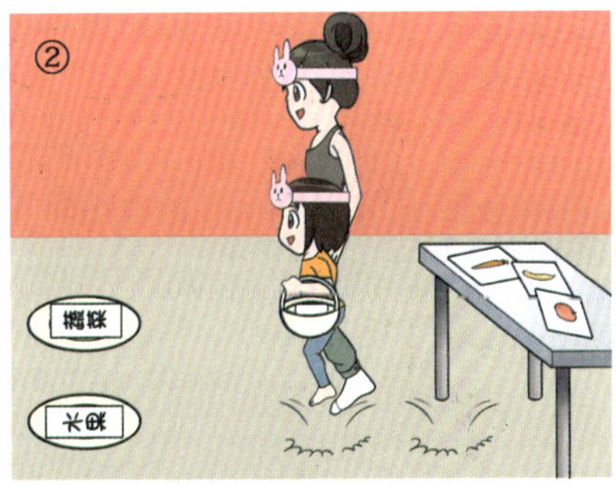

家长准备 2 个兔子头饰、各类蔬菜和水果的图片、1 个篮子、2 个盘子和写有“蔬菜”“水果”字样的卡片。

将字卡分别放在 2 个盘子里，盘子放在距离桌子 2 米远的位置；将蔬菜和水果的图片混合放在桌子上。

家长和宝宝都带上兔子头饰，家长说：“兔宝宝，和兔妈妈一起去买菜吧！”然后和宝宝提着篮子一起来到桌子前，从桌上拿一张图片放在篮子里，家长说出食物名称，然后和宝宝一起双脚跳到 2 米外的盘子旁边，让宝宝选择将图片放进水果或蔬菜的盘子里。

如果宝宝放对了，家长及时给予表扬。

安全指导

(1) 应在平整空旷的地面进行游戏，避免场地过硬、过软或过滑。

(2) 桌角应贴上防撞垫，以免宝宝意外撞伤。

(3) 盘子选择不易碎的材质，以防不小心打碎，伤到宝宝。

(4) 可以选择篮子、盒子等其他收纳物品替代盘子。

28. 苹果大丰收

游戏目的

（1）训练宝宝的运动技能——单脚跳。

（2）提高宝宝的立位平衡能力和身体稳定性。

（3）帮助宝宝建立空间认知能力和颜色数字概念。

游戏内容

家长用红纸剪出几个红苹果。根据宝宝的实际身高，在超过宝宝身高 20 厘米的高度上水平挂一条绳子，用小夹子把纸苹果固定在绳子上。

家长告诉宝宝：“来，我们一起摘苹果。红苹果，多又多，宝宝吃了长高高。”一边引导宝宝踮起脚尖或单脚跳摘下苹果，一边和宝宝一起数摘下的苹果数量。

安全指导

（1）应在平整空旷的地面进行游戏，避免场地过硬、过软或过滑。

（2）家长应在宝宝身旁指导和保护，以防宝宝意外跌倒。

29. 接住小弹球

游戏目的

（1）训练宝宝的上肢运动技能——投掷球和接球。

（2）提高宝宝躯干稳定性和手眼协调能力。

（3）促进宝宝对空间距离的认知。

游戏内容

家长和宝宝面对面坐在地上。家长对宝宝说："宝宝，把小球球丢向地面，我们来接弹起来的球。"

家长进行示范后，引导宝宝模仿家长的动作，宝宝将球丢向地面后，家长接住弹起来的球，交替进行。

安全指导

（1）应在平整空旷的地面进行游戏。

（2）应在宝宝身后的地面铺上软垫，以防宝宝后仰跌倒，出现意外。

30. 影子影子哪里跑

游戏目的

(1) 训练宝宝的运动技能——大步跑和变速跑。

(2) 提高宝宝身体协调性和敏捷性。

(3) 提高宝宝跑步的熟练度。

游戏内容

晴天时，家长带宝宝到户外玩踩影子的游戏。

家长踩到宝宝的影子上，说："我踩到宝宝的小影子啦。"然后引导宝宝大步跑，家长继续追逐宝宝的影子。

待宝宝熟悉游戏后，家长与宝宝互换角色，由宝宝追逐家长的影子。

安全指导

(1) 应在平整空旷的地面进行游戏，避免场地过硬、过软或过滑。

(2) 家长应控制好跑步速度，不宜过快或过慢。